仕事のパフォーマンスを最大化する

戦略としての家庭マネジメント

藏本雄一
Kuramoto Yuichi

ぱる出版

仕事にも慣れて、同期にも結婚する奴が増えてきた。
オレもそろそろ!?
でも、結婚って大変そう…
まず、お金がかかるよな。
えっ!
子どもが生まれたら…
小学校〜大学まで全て公立でも731万円!?
私立だと2058万円!?
子どもとの時間
パートナーとの時間
義両親との時間…
時間だって、自分の好きには使えなくなるよな。

何より、責任が重くのしかかってくる気がする…

責任
親の介護もいつ発生するかわからないし…

大丈夫！

その心配事、冷静に考えてみましょう。

ずーん
申し遅れました、私は蔵本《くらもと》雄一と申します。

主に女性向けに、婚活コーチングを提供しています。最近では、結婚後の夫婦のサポートも行っています。

お金については、子供が小学校を卒業するまでの12年間で作れればOK！

12年間
起業や副業、転職など方法はいろいろありますね！

家族との時間では、パワーチャージができます！
家族の笑顔を見ると毎日の疲れが吹きとびます！
逆に自分の家族がいないと、親の介護は精神的にキツイです…
私は自分の家族との時間がなければ父の介護を乗り越えられなかったでしょう…
そうなのかぁ。でも、仕事に集中したいんだよな。
実は、家族がいると、仕事で覚醒する場合があるんです！

なぜなら、大切なのは「心理的安全性」。
安心できる場所があってこそ、挑戦する勇気が生まれるのです。
もう断言します。
仕事
家族
○○会社
仕事と家族は切っても切り離せない関係です！
仕事にプライベートを持ち込むのはプロ失格！
仕事が最優先で家庭は後回し！
この本では、仕事で成果を出すために、家庭を円満にする5つのコツをお伝えします。
さあ、仕事と家庭の相乗効果で、人生を素晴らしいものにしていきましょう。

仕事のパフォーマンスを
最大化する
戦略としての
家庭マネジメント

目次

戦略1

家庭を円満に保つメリットを知る

戦略 2

仕事と家庭の時間管理術を身につける

戦略
3

家族を運営してチーム運営術を身につける

戦略

4

幸せを模索してリスク管理術を身につける

戦略 5

女性心理とコミュニケーションをマスターする

●ブックデザイン・DTP　吉崎広明（ベルソグラフィック）
●イラスト（マンガ）　町田えり子
●イラスト（本文）　Inspiring,taka-hashi/shutterstock.com
●企画協力　インプルーブ 小山睦男
●編集　岩川実加

戦略 1

家庭を円満に保つメリットを知る

1-1 家族の力で眠っていた力が発揮された有名人

さて、さっそくですが、あなたは、家族に対してどのようなイメージを持っているでしょうか？「家族を築くことは大変だ」「守るべきものがあり、人生で冒険ができなくなる」「お金がかかる」と思う方もいらっしゃるかもしれません。

一方、成功者や有名人の中には、**家族の力で、眠っていた力が発揮された方もいます。**２人の事例を紹介して、少し説明させていただきます。

1　2022年・ゴルフのマスターズ優勝者　スコッティ・シェフラー氏

例えば、2022年アメリカのゴルフのメジャー選手権、マスターズ・トーナメントでは、スコッティ・シェフラー氏が優勝しました。シェフラー氏は、2022年の

2月の米ツアー初優勝から出場6戦で4勝と勝ち続け、世界ランク1位へと大躍進していました。圧倒的な成果を出し続けることでプレッシャーが高まる中、単独首位で迎えた最終日にこのようなことがあったそうです。

朝から緊張で泣いて妻に訴えたという。「僕は勝つ準備ができていない」。妻は「10打差で負けてきても、あなたを愛する気持ちは変わらない」と力づけ、ここ数日、食欲が落ちていたこともあって、多めの朝食を用意してくれた。（2022年4月12日・日経新聞朝刊　P37より）

優勝という結果は、キャディーや他のメンバーの協力もあってこそですが、もし、**最終日の朝にパートナーや家族の支えがなかったら、一体どうなっていたのでしょうか？**　結果は誰にもわかりませんが、メンタルを立て直せなかったら、最終日は大崩れした可能性もあります。

また、日々ビジネスの世界で凌ぎを削っているあなたには、**自分自身のメンタルを調整できていない人が、勝負の世界で他者に勝つことが不可能**なのは、想像がつくと思います。

2 スターバックスCEO　ハワード・シュルツ氏

また、スターバックス社の実質的な創業者と言われるハワード・シュルツ氏は、家族の力のお陰で貧困層から脱出し、仕事で成功しました。

シュルツ氏は、スターバックスが5店舗の頃に入社し、後にスターバックスを買収して全世界に広めた経営者です。

しかし、彼は、ニューヨークの「プロジェクト」と言われる低所得者向けの団地出身です。本人の著書の中にもあるのですが、両親は「貧民労働者」だったそうで、彼の父親は、おむつを運ぶトラック運転手でした。年収も生涯2万ドルを上回ることがなかったそうです。

また、母親は高校を卒業しておらず、シュルツ氏の家庭は非常に苦労したようです。多くの低所得家庭と同じように、子供へ良質な教育が提供できず、貧困の連鎖が起きかねない状況でした。

そんな彼を変えたのが、母親からの関わりでした。

母親は、子供たちに大学教育を受けさせせることが夢で、「子供たちは必ず貧困から抜け出せる」と、信じていました。シュルツ氏が子供のころには、何かに成功した偉大な人物の例をいくつも挙げては、同じようにすればどんな目標も達成できると伝えていたそうです。

そして、周りに公共の図書館はなかったものの、毎週水曜日に移動図書館があったため、シュルツ氏と手をつないで本を借りに行き、彼は1週間かけてそれを読んで返すことを繰り返しました。


ある日、バスで30分かけて出かけた先で、若い男性がスピーチをしていたそうです。当時、大統領選挙に立候補していた、ジョン・F・ケネディ氏でした。シュルツ氏日く、母親は遠くにいるケネディ氏と心がつながっているかのように話を聞き、そして骨の髄まで確信したそうです。

「息子はここから抜け出せる」と。

また、彼の父親は仕事中に怪我をしましたが、勤務先の会社に労災はなく、仕事を首になってしまったそうです。そこからは、父親が自宅で自信と尊厳を失って生きていくのを、悔しい気持ちで見ていたそうです。

その経験をバネに、シュルツ氏は会社に社会保険を組み入れるなどの取り組みを実践しています。

シュルツ氏自身、著書『スターバックス成功物語』（日経BP、1998年）の中で、スターバックスの発展を支えている価値観は全て、ブルックリンでの生活環境に根差していると書いています。

1-2

家庭の心理的安全性で仕事のパフォーマンスは上がる

さて、この本を読んでくださっているあなたに興味があるのが、**「どうすれば夫婦で幸せでありながら、良いパフォーマンスを発揮できるか？」**ということだと思います。

このような夫婦関係の本は女性の著者のものが多いのですが、私は男性の立場から、男性にとってもなるべく再現性が高いことをお伝えしたいと思っています。

Googleの社員だったピョートル・フェリクス・グジバチ氏による『世界最高のチーム グーグル流「最少の人数」で「最大の成果」を生み出す方法』（朝日新聞出版、2018年）という本があります。この中に、「生産性の高いチーム」の5つの特徴という内容があります。この5つの特徴が家族関係にも共通点が多いので、紹介させていただきます。

世界でもとりわけ優秀なメンバーが集まっているGoogleであっても、チームとして機能するチームと、機能しないチームがありました。そこで、115のエンジニアリングチームと、65のセールスチームを調査したところ、生産性の高いチームの特徴は、こちらの5つに集約されることがわかりました。

①チームの**「心理的安全性」**が高いこと
②チームに対する**「信頼性」**が高いこと
③チームの**「構造」**が**「明瞭」**であること
④チームの仕事に**「意味」**を見出していること
⑤チームの仕事が社会に対して**「影響」**をもたらすと考えていること

そして、**この中で一番大事なことは、①の「心理的安全性」であると結論づけました。**

そう、マスターズ優勝者のシェフラー氏は、この「心理的安全性」がパートナーとの間に確立されていたと推測されます。

仕事では、全力を尽くしても、上手くいくときもあれば、そうでないときもあります。全力を尽くすことは過程（プロセス）であり、コントロール可能な領域ですが、結果はコントロールできない領域です。

どこかに安心できる場所があってこそ、私たちは日頃のプレッシャーが緩和され、問題や課題に挑戦する勇気がチャージされるのではないでしょうか？

同じように、あなたのパートナーも、心身ともに調子が良いときもあれば、そうでないときもあります。子供を授かった場合は、妊娠・育児で大きく状態が変化します。

夫婦がお互いに心理的安全性が確保され、何を話しても安心という関係性が築けていると、パートナーの安心感も高まり、あなたの仕事のパフォーマンスも上がります。

逆に、心理的安全性が全くない状況を想像していただくとどうでしょうか？

例えば、あなたの職場が、
・いつ首を切られるかわからない環境
・クレームを受けたり、失敗したりしたときに、ただ叱責される場合によっては責任をとらされて、すぐに降格や減給がある

そしてその上で、帰宅しても、
・家庭でも、全く安心できずにパートナーに気を遣いつづける状況
・パートナーや家族から、家事やお給料などに関して批判される状況

であれば、あなたはどれくらい、持っているパフォーマンスを発揮できるでしょうか？この環境が1ヶ月ではなく、1年、3年、10年と続けばどうでしょうか？

心理的安全性がない場合、多くは「都合の悪いことは伝えない」「全体のことより

自己保身が優先」「自分の殻に閉じこもるか、相手と激しい喧嘩をする」ことになります。

このような職場は、周りに多いのではないでしょうか。職場を変えるのは大変ですが、あなたは、あなた自身の大切な人と、最高の家族を築くことはできます。

誰でも多かれ少なかれ、会社などの社会生活では緊張感を持って生きています。その中で、家庭が安心できるか否かでは大きな違いが生まれていきます。

1-3

仕事と家庭は切っても切り離せない

少し話は戻りますが、生産性の高いチームの条件は、

①チームの**「心理的安全性」**が高いこと
②チームに対する**「信頼性」**が高いこと
③チームの**「構造」**が**「明瞭」**であること
④チームの仕事に**「意味」**を見出していること
⑤チームの仕事が社会に対して**「影響」**をもたらすと考えていること

この5つでした。
このうち、③の「チームの『構造』が『明瞭』であること」では、感情は不必要で

す。決められていることに対して、考える時間を持たずに、着々とこなすことが生産性の鍵になります。

一方、**感情に関連する項目は、①・②・④・⑤と3つ以上ある**のです。

しかしながら、**ビジネスの世界においては一般的に、感情面のことにはあまり触れられず、成果・行動・管理が重要視されています。**もちろん、これでもビジネスモデルが機能している限り、生産性は向上しますし、十分に幸せな生活を送っている方もいらっしゃいます。

一方で、本当は月曜日に会社に出社したくない、今の仕事をずっと続けるのは耐えられないと思う方もいらっしゃると思います。

もし、今、あなたが感情面にあまりフォーカスしていない状況であれば、**感情面を大事にすることで、パフォーマンスが4倍にも5倍にも膨らむ可能性がある**としたらいかがでしょうか？

これは、あなたが家族との関係が良くなることで、起きうる変化です。

想像していただきたいのですが、あなたが仕事で全力を出した後や、大きな仕事の前に、

・プレッシャーから解放される場所が自宅にあればどうでしょうか？
・あなたの能力を信じて応援してくれる人が身近にいればどうでしょうか？

あなたの眠っていた能力が開花し、よりパフォーマンスが発揮されるはずです。

結局、**私も含めて多くの男性は、自分のためだけに努力してパフォーマンスを上げるのには限界がある**のです。自分のためだけに頑張るのでは、ある程度までは出世できるかもしれませんが、必ず現れる次の壁をクリアーできなくなります。

家族との関係が良好になれば、

・あなたが安心できる空間（心理的安全性）ができ、
・あなたを信じて励ましてくれる人（勇気づけ）がいることで、
・大切な存在ができたことによる責任感（使命感）が発揮できる

ということが人生で起きてきます。これらの要素が、あなたが会社でチームを率いるときに活きてくるのです。

しかしながら、どこか日本では、一つ上の世代では特に、「家族は後回しにして仕事で成果を出す」「仕事と家族は別であり、仕事にプライベートなことを持ち込むのはプロとして失格」という空気があります。

しかし、もう断言します。**仕事と家族は切っても切り離せない関係**です。

家族との間に信頼関係があり、家庭が安心できる場所であるか、もしくは、信頼関係が薄く、安心できない場所であるかは、あなたのパフォーマンスだけでなく、お金・健康・マネジメント力の全てに影響を与えます。

1-4

男性が覚醒する要素は、仕事より家庭に含まれている

会社にいると、お客様のため、会社のためということを言われることが多いかもしれません。しかし、**多くの人は、自分の安心安全や幸せを後回しにして長期間パフォーマンスを発揮するのは難しい**ものです。

ビジネス書にはよく、適切な危機感が大切であると書かれていますが、危機感だけでパフォーマンスが上がる人はごく稀ではないでしょうか？　常に危機感だけでは身がもちません。

私は、女性向けに婚活のサポートをしていますが、男性が真のパフォーマンスを発揮するには、次の3つのトリガーがあると思っています。

❶愛する人の存在と応援

多くの男性は、自分のためだけに努力をするのには限界があります。**家族や友人といった自分より大切なものがないと、基本的にはサボります。**もしくは、表向きは行動していても、人から与えられた目標をクリアすると、後は手を抜く人が大半です。

・愛する人を守りたい、幸せにしたい
・自分の最愛の人から応援されて、絶対に裏切れない

誰か大切な人を幸せにしたいと思い、相手のためにすることが、究極的には自分のためになるという状態が理想です。

❷ライバルや外部環境の変化による脅威

多くの人は、何かに追い込まれる必要があります。セールやバーゲンでは最終日に駆け込む人が多いですし、大半の宿題は締め切り直前に提出されるものです。

そして、**男性が本気になる場合というのは、自分にとって大切な人（特に大切な女性）が、他の男性に奪われてしまうという危機が迫っている場合**です。ここで本能的にスイッチが入るようになっています。

男性マンガの主人公も、ほとんどが追い込まれてから、新しい能力に目覚めます（だから、結婚して新しい生活や育児が始まり、現在追い込まれている方は、ここがスイッチの入るチャンスかもしれないのです！）。

❸ 理想の未来と、現実とのギャップ

誰もが一度はハマったことがある、ＲＰＧゲームを思い出してみてください。必ず、お姫様や美女が登場しないでしょうか？ そして、ほとんどの場合、お姫様や美女が、ラスボス的な悪の魔王にさらわれてしまいます。このときに、**こんな現実は絶対に嫌だとスイッチが入り、主人公が勇者となって成長していきます。**ＲＰＧゲームや、男性の人気マンガは、基本的にこのようなストーリーになっています。

素敵な異性もおらず、ずっと平和でライバルもいなければ、主人公は勇者になるこ

とは決してなく、適当に村でプラプラしているだけでしょう。そして、もし今のあなたにこのような条件がそろっていなかったとしても、人生の中で1回は、ゲームやマンガにハマったことがあるはずです。

これは、普段の生活では気づかないかもしれませんが、**あなたの心や魂の奥では、普通の村人が勇者になるような人生に憧れているから、**なのです。

逆に言うと、女性向けのマンガのヒロインやシンデレラのような物語の主人公を見て、やる気が上がる男性は少ないはずです。

あなたも、憧れていたゲームやマンガの主人公のように、あるとき覚醒し、真の能力が発揮される可能性があるのです！

1-5

最強を目指すのがシンドイ人へ、オスの3大戦略

ちなみに、参考情報になるかもしれませんが、生物界ではオスの戦略として、最強を目指す以外に2つの生存戦略があるのをご存知でしょうか？

組織の中での最強は1人しかいないので、それ以外は最強になれません。それでは余りにも過酷すぎるので、他の戦略があるのです。

・プレゼント作戦
・ダンスなどの求愛活動

プレゼント作戦とは、オスがメスに対して、食料などのプレゼント攻勢でメスに気に入られる作戦です。人間の場合だと、女性にどれだけのプレゼントを貢げるかという作戦です（これはある意味、一番お金がかかるかもしれませんが）。

このプレゼント作戦の本質は、**相手に気に入られること**です。仕事に置き換えてみると、クライアントや上司に好かれることを徹底する戦略です。あなた自身が、プレゼントをしたり周りの人を笑顔にしたりすることが好きで得意であれば、この戦略はオススメです。やりすぎると、ビジネスの世界では賄賂になるので、そこは気をつけてください。

ダンスなどの求愛活動は、**何か一芸に秀でていることで相手を惹きつけること**と考えるとわかりやすいかと思います。セミが鳴き声で競ったり、蛍が身体を光らせて求愛活動をしたりするのも似た戦略だと思います。人間の場合だと、「スポーツが上手い」「歌が上手い」「お笑い芸人並みに面白い」などは、モテます。

仕事に置き換えてみると、何かしらの強い専門性を持ち、そこで突き抜ける戦略を取るということになります。

もちろん、人間は一人一人がオンリーワンの存在で、持っている個性や才能は特別です。しかしながら、そのオンリーワンの魅力や才能というのは、他者との比較の中でしか生まれません。**他者との競争や比較を徹底的に行うことによって、他の人の強みを知り、誰も手をつけていない分野に気づくことができます。**

また、自分の真の強みは、歯を磨くかのごとく自然に行っていることなので、自分では気づかないことが多いものです。**周りの人から長所だと教えてもらって、はじめて自覚して発揮することが多い**のです。

一方、日本では特に、弱点は補強した方がいいとされ、全ての能力で合格点を求められがちです。その上弱点は、他の人と比べて明らかに劣っているので、すぐに自覚できます。

そこで、多くの人が弱点の克服に時間とエネルギーを注ぐことになります。しかし、弱点はどれだけ努力しても平均点くらいにしかなれず、組織や市場で圧倒的な強みになることはありません。**弱点は、明らかな穴にならない程度に補強するくらいでいいのです。**

長くなってしまいましたが、**あなたが好きな女性と結婚する上でも、ビジネスで成功する上でも、基本的な戦略は考える必要があります。**

・圧倒的な最強を目指すのか？
・プレゼント作戦で、周りから好かれることを目指すのか？
・一芸や一つの能力を極め、その分野で勝負するのか？

そして、この戦略は、結婚するまでだけでなく、結婚後も継続していくことで、あなたも周りの家族も得をします。

1-6 結婚生活のデメリットとメリット

ここまで、結婚して円満な家庭を築くことが、仕事のパフォーマンス向上にもつながる、というお話をしてきました。

一方で、以前私が勤めていた会社で、独身の男性部長と既婚の女性スタッフとの間で、こんなやりとりがありました。

部長「□□さん、大変やなぁ。平日は仕事を一生懸命にして、疲れている週末に家族サービス……それは疲れるでしょ」

先輩「○○部長、実はそうじゃないんです。家族と一緒に過ごせるからこそ、週末にエネルギーがチャージされます。また、家族がいるからこそ、平日の仕事も頑張れるんです」

部長「そうか、なるほど。僕は、家族がいるとパフォーマンスが下がると思っているわ。そうか、僕はそう思っているから、独身なのかもしれない」

私も、25歳くらいのときは、部長と同じように思っていました。

この部長や昔の私のように、結婚や家庭を持つことに対して、ネガティブな感情や思考を持つ人も多いと思います。

家庭を築くことの懸念点としては、①使えるお金が減る、②自由に使える時間がなくなる、③家族が増えることで責任が重くなる、の3つを挙げる方が多いです。

特に最近では、年収が少ないことがネックとなり、結婚に踏み切れない人も増えています。

しかし本当にそうでしょうか。

この①お金、②時間、③責任に関して、結婚のデメリットとメリットをそれぞれ冷静に紐解いていきたいと思います。

結婚のデメリット

❶お金

・子供が生まれた場合、教育費がかかる。
（小学校から大学まで全て公立で約731万円、全て私立だと2058万円かかると言われています。）

・仮に将来に離婚した場合、財産は半分になる可能性がある。

❷時間

・仕事の時間、自分自身の時間に加え、家族（パートナーや子供）との時間が必要になる。

❸責任

・結婚という形をとることで、パートナーだけでなく、相手の両親に対してもパートナーを大切にするという責任が発生する。また、お互いの両親が年老いたときに介護などが発生する可能性がある。

結婚のメリット

❶お金

・共働きで別居婚ではない場合、2人で1つの家に住めるので、一人暮らしの住まいに比べて、広くて条件の良い家に住める。

（私の場合、一人暮らしのときは家賃8万円・約20平米・1Kの半地下の部屋に住んでいましたが、結婚して家賃13万円・70平米以上・3LDKの部屋に住むようになりました。）

・将来を見越して貯金や金融資産を構築できる。

（子供が生まれた場合、確かに教育費はかかりますが、公立の小学校卒業までは食費なども含めて毎月3万円前後。その間12年あるので、転職や副業、起業でお金を作ることは可能です。）

❷時間

・家族関係が上手く構築できていれば、家族との時間にパワーチャージできる。

・家事を上手く分担できれば、あなたが家事に使う時間が減る。

❸ 責任

・将来的に発生する可能性が高い介護は、結婚していないと精神的にも肉体的にもキツい。両親の怪我や病気といった事態が起きたとき、パートナーがいるかいないかでは、気持ちが全く違う。

（私の場合、それまで仕事やゴルフを精力的にこなしていた父が突然、転倒によって頸椎を損傷し介護生活になりました。このとき、私は妻と子供たちという自分の家族との時間によって救われました。自分の家族がいなかったら、精神を保てていなかったと感じます。）

結局、私も含めた多くの男性は、**自分のためだけでは、目先の楽しいことに時間やお金を使ってしまうもの**だと思います。どこかのタイミングで自分より大切な人が現れ、資産を築く必要性に目覚めることで、本格的に自分の生活に向き合い、収入を上げたいと願うのだと思います。

1-7

離婚する夫婦の特徴とは

夫婦関係や家族関係において、良い関係を構築できれば人生のパフォーマンスと幸福度が劇的に上がる一方で、事実として離婚する夫婦の割合は増えています。

ここでは、そのような夫婦にはどのようなことが起きているか、お伝えしたいと思います。**夫婦というチームが上手くいく場合とは逆の場合を知ることで、パフォーマンスアップとリスク管理の両方ができる**からです。

夫婦という組織が解散・崩壊する理由

今、夫婦が離婚する一番の理由は、**「性格が合わない」**ことです。男女ともに離婚調停をする理由の1位になっています。決定的な性格の違いもあると思いますが、価

	男性	女性	件数（男性）	件数（女性）
1位	性格が合わない	性格が合わない	11,030	18,846
2位	精神的に虐待する	生活費を渡さない	3,626	13,820
3位	その他	精神的に虐待する	3,545	12,093
4位	異性関係	暴力を振るう	2,547	10,311
5位	家族親族と折り合いが悪い	異性関係	2,463	7,987
6位	性的不調和	その他	2,316	5,173
7位	浪費する	浪費する	2,218	5,000
8位	同居に応じない	家庭を捨てて省みない	1,569	3,946
9位	暴力を振るう	性的不調和	1,500	3,500
10位	家庭を捨てて省みない	家族親族と折り合いが悪い	1,011	3,254

裁判所 平成29年度 司法統計19 婚姻関係事件数 申し立て動機別申立人別 全家庭裁判所より

値観の違いが大きな割合を占めているはずです。

私は、**半分くらいは、お互いを理解することで解消できる**と考えています。

離婚する数と時期

令和2年の人口動態統計によると、52万5507組の夫婦が結婚した一方で、19万3253組の夫婦が離婚しています。

また、その統計の中に、「年次別にみた同居期間別離婚件数及び百文率並びに平均同居期間」というデータもあります。

最も離婚件数が多い同居期間は、「5年未満」そして、次点は、「5年以上10

年未満」そして3番目は、「10年以上15年未満」という結果になっています。最初の5年が大事で、同居期間が長くなっていくほど、離婚件数は減っていく傾向にあります。

ベリーベスト法律事務所が公表している記事によると、**離婚する夫婦には共通する4つの特徴がある**といいます。

❶コミュニケーションが足りない

もとは小さな行き違いで、すぐに話し合えば解決したようなことも、後で亀裂が大きくなることもあります。また、特に一つ上の世代だと、男は寡黙が美徳であると考える風潮があり、感情をあまり表に出さずに状況や気持ちを表現しないこともあります。そのほか、結婚前までは熱心だったのが、結婚してからはパートナーのことを大事にせず、失望される人も見てきました。

また、女性の場合は、多くは共感力が男性に比べて高いため、「言わなくても気づいてくれる、察してくれる」と思って男性に関わりますが、**多くの男性は、はっきり明確に伝えてくれないと理解できません。**その結果、女性の我慢が爆発してしまい、男性の方も感情的なパートナーに対して何が起こったか理解できない、ということもあります。

❷親との親密度が高すぎる

親との関係性が強すぎると、パートナーより親の意見を大事にしてしまいます。それはパートナーには大きなストレスになります。特に、自分の両親ならまだしも、義理の両親に意見を言うのは、誰でも気を遣うと思います。だからこそあなたは、自分の両親より、パートナーを大事にするスタンスを取ることが大事です。

❸どちらかが相手を見下している

夫婦で上下関係ができてしまっている場合です。特に日本では、上下関係の意識が根強く、男女平等も世界的に見て遅れています。本来は、結婚する段階で、お互いが平等で尊重し合う関係であることが理想ですが、上下関係ができていると、精神的虐待や暴力につながる可能性も高いです。

❹ 双方の経済力が高いか低い

特に、男性側が失業などで生活費を家に納められない場合や、お互いに浪費してしまって関係性が悪化する場合などが、これに当たると思います。

ここまで、夫婦というチームが上手くいく場合と、その逆の場合をお話ししてきました。これを受けて、私個人としては、次の2つをオススメします。

❶ 夫婦や家族が良い関係を作るためのマネジメントをマスターするべき

夫婦関係は、上手くいけば金銭的にも豊かになり、自分より大切な人がいることで仕事のパフォーマンスアップにもつながります。一方、逆になれば、財産は半分・精神的ダメージ大・生まれた子供とも別々の生活、という事態になる可能性もあります。
また、夫婦の関係性がよくても、新しい挑戦を何もしないと、段々と仕事への意欲が削がれる場合もあります。

夫婦や家族が幸せになるマネジメントを身につけると、実生活だけでなく、ビジネスにも必ず活きます。

❷どうしても無理な場合は、早めの決断も重要

夫婦の生き方があまりにも異なる場合は、早く別れてお互いに新しい人生を生きることには賛成です。お互いに早く決断したほうが、新しくやり直せるからです。

夫婦のすれ違いの半分くらいは、日々のコミュニケーションで改善可能だと思います。一方、会社の採用と似ていて、採用のミスマッチはその後のフォローでは対応が難しい部分があります。

だから、採用（パートナーの場合でいえば結婚）の段階では、自分を過度によく見せてもボロがでるので、最初から良いところも改善点も正直に伝えるスタンスでいるのがよいでしょう。

ちなみに、私は今40歳ですが、同年代で、離婚した後に再婚し、幸せに過ごしている友人・知人もいます。再スタートも大丈夫です！

1-8

幸せな夫婦の全体像とは

さて、本章のまとめとして、夫婦において大事だと思うことを図にしてみました。

子供の有無など、それぞれの家庭によって違いはあると思いますが、だいたいこれだけのタスクがあると思います。これだけあれば、揉めることがあって当然だという気がしてきます。

・夫婦の関係性

夫婦の関係性が土台として大事で、全てに影響しています。特に日本では、上下関係や年功序列の文化が根強いので、人によっては、上下関係以外の人間関係の作り方がわからないこともあります。夫婦は平等で尊重し合う関係がオススメです。

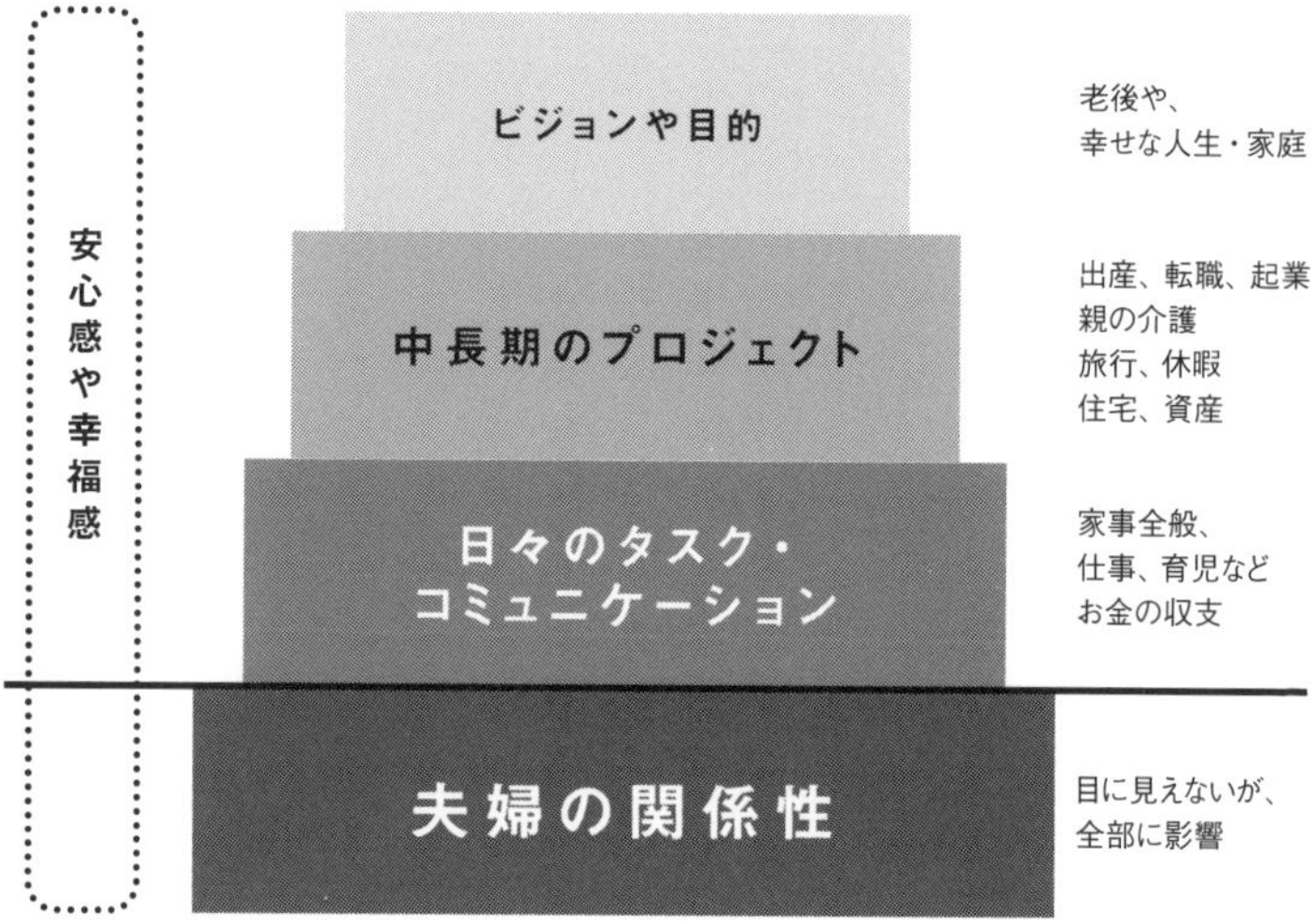

・日々のタスク・コミュニケーション

普段の家庭生活の80%以上はここに該当します。仕事、家事全般、育児、お金のこと、などなど。完璧にマネジメントをしても大変ですし、何もしないと、ただ流されるだけの人生になります。

女性心理も大事ですので、5章も参考にしてください。

・中長期のプロジェクト

計画できるものもあれば、計画できないものも多くあります。

ある程度計画可能なことだと、子供が生まれてからの育児、学費や老後の資産形成・住宅・休暇などです。

突発的なことには、いつくるかわからない親の介護や、どちらかの体調の変化などがあります。また、片方が転職・副業・起業などをすることもあります。また、女性の出産に伴い、退職したり、育児休暇を申請したりすることなどもあります。

これらは、**夫婦が心を合わせて協力することが大事**です。1人で抱えたり、上下関係で決定事項を押し付けたりするのでは、多くの場合は乗り越えられません。

・ビジョンや目的

少し堅苦しくなりますが、ビジョンや目的について、何となくでもパートナーと話をすることをオススメします。お互いの体調などで何があるかはわかりませんが、次のようなことを話し合うと良いと思います。

・結婚生活で、何を大事にしているのか？（価値観）
・どんなキャリアを送りたいのか？（ビジョン）
・お子さんがいらっしゃる場合、どんな人間に育ってほしいのか？（育児方針）

夫婦のことは話し合って共有できるかもしれませんが、子供が最終的にどういう大人になり、どんな人生を過ごすかは、親が全てをコントロールしたり計画したりするのは不可能です。親である私たちが関心を持つことと、子供が人生において関心を持つことは別になるからです。

また、世の中は30年もすれば激変します。30年前にはなかった職業も生まれます。私が就職活動をした18年ほど前は、銀行や航空業界が大人気でした。しかし、今では全く状況が変わっています。

さらに、離婚件数が激増しており、少子化が進む一方で、児童虐待の相談件数は20万7000件と過去最高です（以前は数に計上されていない可能性も高いですが）。65歳以上の高齢化率も28・4％です。気がついたら20年後にどうなっているかは、もはや予測不能なのです。

日本という国や、あなたが所属している会社については、あなたが直接的に関与できることはほとんどありません。しかし、**あなたの家族に関しては、あなたとパートナーが協力することで、良くすることができる**のです。

戦略
2

仕事と家庭の時間管理術を身につける

2-1

仕事の生産性と家族の幸せを両立するには

会社員として働いていると、毎日8時間労働の場合が多いと思います。しかし、共働きで子供が生まれる場合、夫婦共に8時間労働では、家庭が崩壊する可能性が潜んでいます。

なぜなら、夫が8時間労働をしている場合、子供の育児に関わるのは、実質的にほぼ不可能だからです（核家族を想定しています）。

こちらの図をご覧ください。労働時間が8時間で、休憩時間が1時間、通勤が片道1時間と考えた場合、全て足すと1日の仕事関連時間が11時間になります。

このスケジュールだと、平日にできる育児は、朝に子供を送ることくらいです。そ

毎日8時間労働（仕事関連時間11時間）

・通勤 片道→時間1時間
・仕事時間→9時間（うち、休憩1時間）

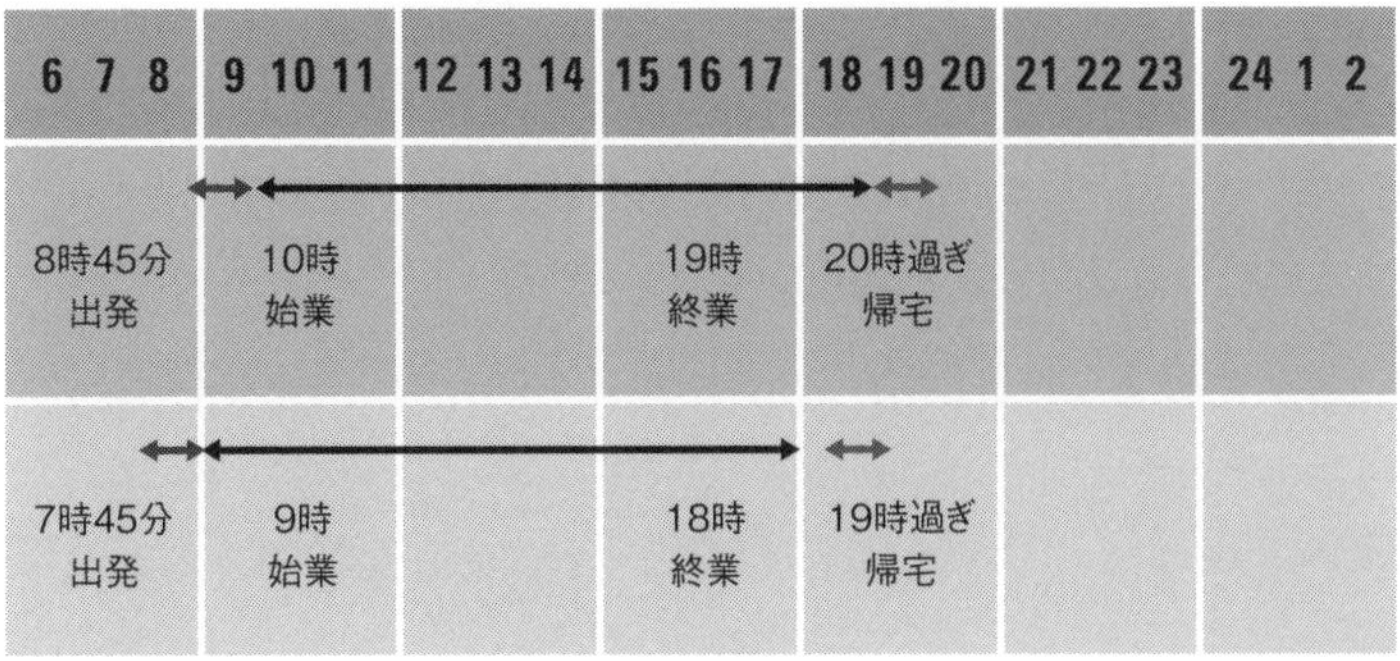

の他の、食事作りや子供のお迎えはほぼ不可能で、あとはなんとか夜に一緒にお風呂に入れるかどうかです。

また、育児は、生まれた最初の時期が一番大変だという話をよく聞きます。実際、産後クライシスという言葉がありますが、かわいい子供の**出産直後の夫婦の関係性で、その後の夫婦の信頼関係がほぼ決まると言っても過言ではありません。**

私も含めて多くの男性が、パートナーや家族に、「仕事で大変なときに支えてほしい」と考えていると思います。そして、**同じように女性であるパートナーも、**

「大変なときに、信頼するあなたに支えてほしい」と思っています。そして、女性の場合、多くはそのタイミングが出産直後なのです。

しかし、私自身、仕事で3000名以上の女性とお話ししてきましたが、ここで信頼関係にヒビが入った実話を聞きました。例えば、このようなことです。

・陣痛が来たときに、「1人で病院に行けるでしょ?」と言われた
・出産して身体を痛めたのに、すぐに夫からSEXを求められた
・子供が生まれた後に、夫から「赤ちゃんのことばかりで、俺への態度や愛情が変わった」と嫉妬された
・出産や育児のときに、夫が不倫をしていて、裏切られた
・育児に関する話を全く聞いてくれず、上から目線で私のせいにされて、聞いてほしいだけなのにアドバイスをされた

産後の辛かったことを、多くの女性は一生覚えています。なかには、ここで夫への信頼がなくなり、子供が成人したときに離婚すると決意された方も実際にいらっしゃ

いました。

しかし逆に、この一番大変なときに支えることができると、女性は一生感謝すると言います。あなたは、どちらが希望でしょうか？

一方で、結婚して子供も生まれると、男女共に自由に使える時間が減ります。子供がいない夫婦の場合でも、どちらかが出世していくと仕事量は増えることになります。

さらに、独身の頃や新入社員の頃に比べて、タスク量や責任、関わる人間関係も増えていきます。また、多くの人が30代になると、身体のタフさや胃腸の丈夫さ、回復力に衰えを感じてきます。そして、40代になると、仕事時間に加えて、運動やストレッチなど身体のメンテナンスの時間の必要性も感じてきます。

さて、**どうすればタスクが増える中で、仕事の生産性と、あなたの自由時間や家族の幸せを両立できるでしょうか？** 20代では気合いと頑張りで乗り越えられたかもしれませんが、ずっとこのスタイルを続けることはできません。

この大きなテーマに関して、私が提案しているのが、**「やることを減らす」こと**です。

2-2

減らすことで、時間も年収も増えるとしたら？

2021年5月9日の日経新聞のある記事をご紹介させてください。

バージニア大学のチームが英科学雑誌ネイチャーに発表した論文で、このような内容がありました。

今、ベッドの4本ある脚のうち、3本が外れてしまった。ベッドが傾き、寝心地が悪い。さて、あなたならどうしますか？

3本の脚を付け直そうと思ったあなたは、何かを見落としています。

「残った1本の脚も外す」という選択肢です。

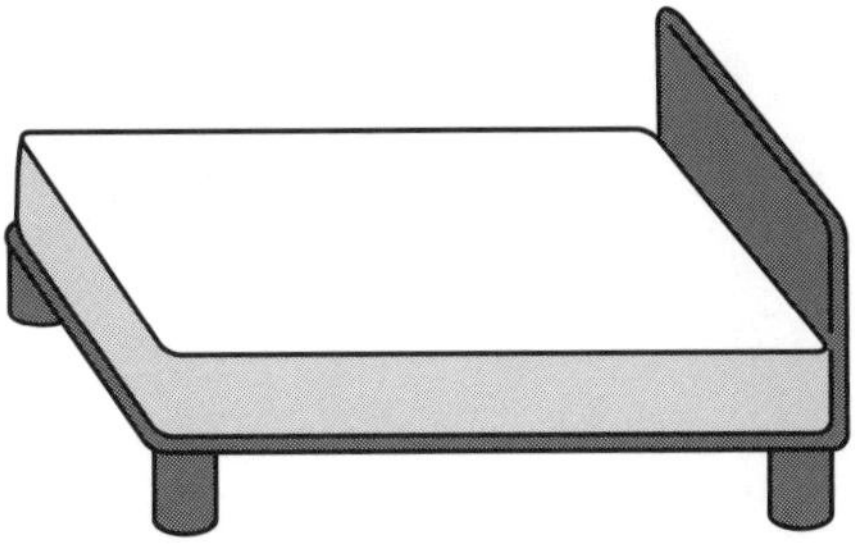

寝心地の改善であれば、残る1本の脚を取り除けば、ベッドは平らになります。しかし、**人間は、「足し算」を意識し、「引き算」を軽視する傾向がある**のです。

また、197人に次の実験をしました。

土台から伸びる1本の脚が板を支える模型があり、板のぐらつきを抑えると1ドルの報酬がもらえるというものです。

「脚を1本足すと10セントかかる」とだけ説明しました。脚の撤去にコストはかかりませんが、41%の人しか思いつきませんでした。

「脚の追加は10セント、脚の撤去は無料」と伝えると、61%がもとの1本の脚を外すだけで板を固定できると察しました。

研究チームは、**コストをかけずに解決できる方法があるにもかかわらず、それが**

「引き算」だと見落としてしまいがちな点を指摘しています。そして、選択肢が狭まれば、過重労働や地球環境の問題は解決できないと憂いたということです。

また、この記事では、足すことで解決を図る例として、次の例を挙げています。

・旅程を整えるよう頼まれると、多くの人は立ち寄る場所を追加した
・エッセーを改善するように頼まれると、多くの人は文章を長くした
・大学の次期学長がサービスの改善案を募ると、既存の規制や慣行、プログラムの削除に関連する提案はわずか11％しかなかった

あなたも、家族を築くことによって、大量の仕事をこなさなければならないと考えているかもしれませんが、**「引くこと」によって仕事の生産性と家族の時間を両立できる選択肢もあるとすれば、どうでしょうか？**

働く時間は増えて、給料は変わらず、時間が減る地獄のスパイラルとは？

私は、社員規模が２００名ほどで、労働組合がない会社で働いていた時期がありました。そのとき、会社の指示で、委員会活動というものが発足しました。

社員が自発的に、顧客満足委員会や従業員満足委員会などを作り、会社の改善に役立てようという趣旨でした。しかし、大半の委員会活動は、当時は業務が終わってから行われていました（自発的な組織を半ば会社の業務命令で行っている時点で、雲行きが怪しいのですが……）。

そのため、残業代もなしで、業務時間外の20時や21時に、「どうすれば従業員が満足するか？」「どうすればお客様がより満足するか？」という議論がなされていました。そして、実際に活動する時間も業務時間外という状況でした。

当時の私は、この状況を客観的に見て、満足度を上げるために委員会活動を行うより、

・サービス残業を減らすこと
・長時間かけても、成果につながらない業務を思い切ってやめること

の方が満足につながると心の底から実感しました。

当時の会社で20代に大きく成長することができ、感謝していますが、**私たちは旧式の組織形態と働き方から進化する必要があります。**

もしかすると、あなたの会社でも、似たようなことはないでしょうか？　例えば、従業員満足を向上させるために新しいプロジェクトが発足したが、会議の数が増えて結局モチベーションが低下した。無駄を減らすためにリモートワークになったのに、細かな進捗をチェックして管理するために、結局以前より会議が増えた。など。

私たちは無意識に足すことに意識が向きます。一方、減らすことには不安があり、パフォーマンスが下がらないか？　ライバルに負けないか？　と心配します。

前述の記事には続きがあります。**引くことによってイノベーションが起き、スリム化・業績の向上を両立させた**例として、次のようなものを挙げています。

・足で地面を蹴って進む子供向けの二輪車
↓二輪車に当たり前にあったペダルを外したことで新商品ができた
・再生専用のソニーのウォークマン
↓それまで当たり前だった録音機能にこだわることをストップした
・iPhone
↓それまで10個以上あった携帯電話のボタンが1個になった

この新聞記事は、2020年10月、静岡県立大学の岩崎教授が中小企業748社を対象に新型コロナウィルス感染拡大下の影響を調査した結果、**規模の拡大よりも質の拡大を施行する「引き算」企業は影響が小さかった、**と締めくくられています。

減らすことによって、成果が出た事例は中小企業だけではありません。Apple の故・スティーブ・ジョブズ氏が一時会社を離れていたとき、Apple 社の業績は悪化していました。そこでジョブズ氏は、20種類近いモデルが販売されていた Macintosh の製品ラインナップを削減し、4種類に絞りました。そこから iMac を開発し、それまで2年間で18億ドルの赤字が出ていたものが、98年の第一四半期には4700万ドルの利益を計上し、復活を遂げました。

もちろん、ただやみくもに減らせば良いわけではなく、**減らすことと残すことを見極める必要があります。**

もしあなたも、少ない労働時間で、パフォーマンスが向上して成果が上がり、自由な時間も増えたらどうでしょうか？

私は、この「減らす」ことで生産性と自由時間を増やす考え方が、企業だけでなく、あなたとその大切な家族を守ると確信しています。

2-3

長時間労働が、あなたもパートナーも蝕む

核家族化と女性の社会進出が進んだ現代では、男性も育児に参加する必要があると強く言われています。

私たちの一つ上の世代は、結婚後も親と同居し、専業主婦になる女性が多かったので、男性が仕事に専念するライフスタイルが可能でした。

今は、時代もライフスタイルも変化しました。先ほども触れたように、夫婦共に8時間労働では、家庭が崩壊する可能性が高いのです。

正直、12年前の結婚当初は私もピンときていませんでしたが、**夫婦で育児をする場合、労働時間を減らすことは必要不可欠**です。

必要性があると書くと、少し負担が増えるように感じるかもしれませんが、育児に携わる時間は、人生で1回しかありません。仕事に携わることのできる時間は、20歳前後から40年以上ありますが、親が育児に携わることのできる時間は、限られています。

私自身は、小学生の頃の記憶で、夜10時や11時に帰る父を見ては、「本当は父と遊びたいんだけどなぁ」と、寂しく感じていました。その体験から、自分はなるべく子供たちとの時間を大事にすると決めました。仕事も大事ですが、いつでもできます。しかし、子供が小さい頃に関わることができる時間は、限られています。

あなたは、いかがでしょうか?

国立成育医療研究センターの調査の結果なのですが、衝撃的な数字がありました。**父親が家事・育児関連に2・5時間を使える生活を実現するためには、毎日の仕事関連時間を9・5時間以内にする必要がある、**というのです。

この9・5時間というのは、労働時間ではありません！　往復の通勤時間も含めて、

父親が家事・育児を両立させるには？

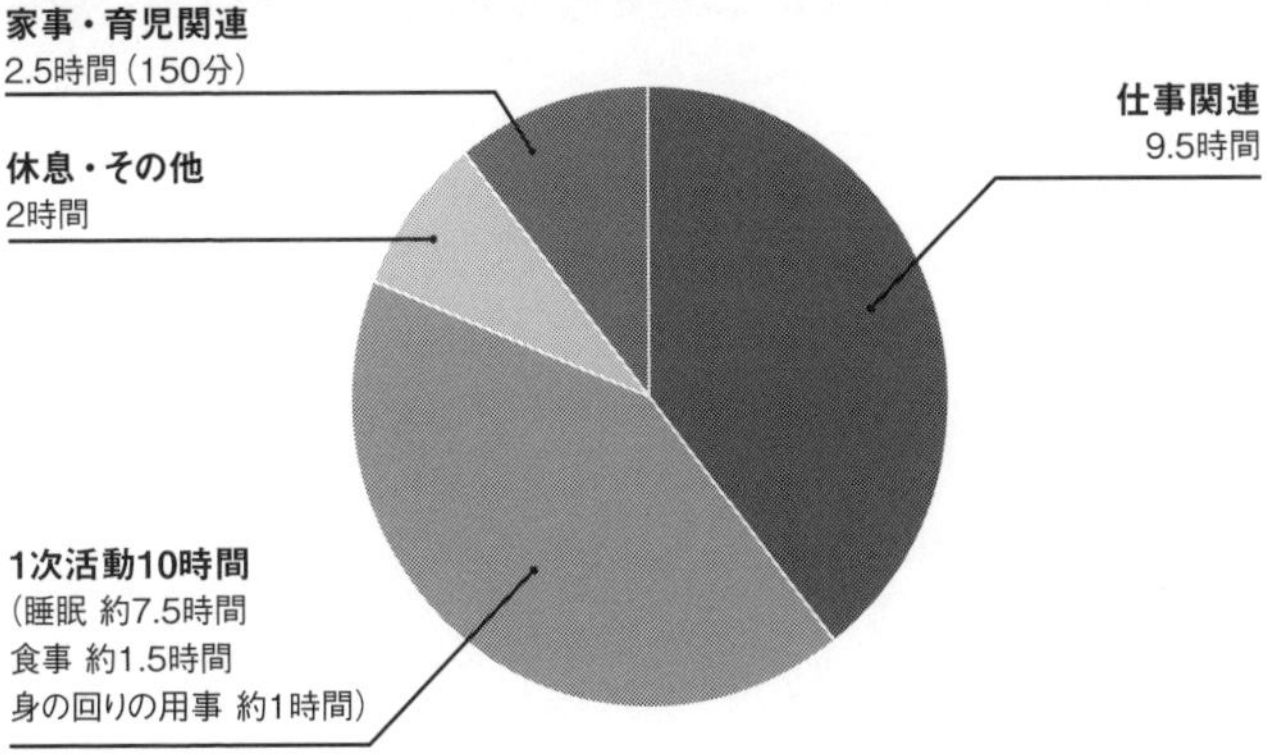

出典：国立研究開発法人 国立成育医療研究センター　https://www.ncchd.go.jp/press/2022/211018.html

9・5時間という意味です。つまり、通勤に片道1時間かかる方は、往復で2時間になるため、労働時間が7・5時間という計算です。

私は、この記事を読んだときに衝撃を受けたので、実際の生活でシミュレーションしてみました。仕事関連時間が9・5時間だと、どのような生活になるでしょうか？

都内勤務で、通勤が片道1時間の想定で作成しました。10時始業とすると、8時45分に自宅を出発し、職場で7・5時間を過ごします（うち1時間は昼休みと

仕事関連時間が9.5時間とは

・通勤 片道→時間1時間
・仕事時間→7.5時間（うち、休憩1時間）

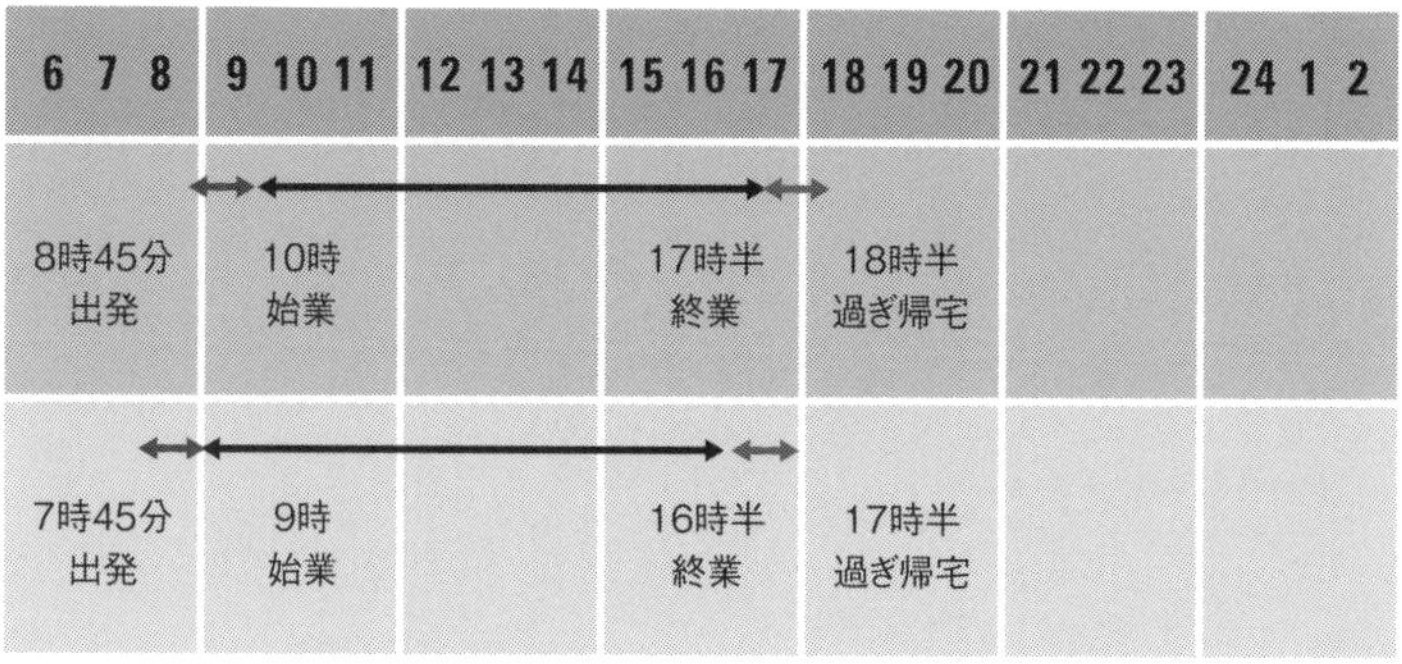

すると、実際の労働時間は6・5時間です）。そして、18時半すぎに帰宅します。

このスケジュールであれば、朝は子供を保育園に送ることは可能です。しかし、帰りが18時半ごろであれば、保育園は閉まっている場合が大半です。

一方、9時始業の場合であれば、朝は子供と過ごして、夕方はギリギリ保育園のお迎えに間に合うというスケジュールです。

ただ、残業などで帰宅時間が遅れてしまえば、誰がお子さんを迎えにいくかを考える必要があります。

おそらく、このスケジュールは大変だと思います。しかし、あなたの家庭が共働きで子供がいる場合は、あなたが働き方を変えられない限り、**パートナーがこのようなスケジュールを過ごすことになる可能性が非常に高い**のです。

これに加えて、平日には、食事の準備や子供の世話・宿題・習い事などがあります。ほとんどの男性にとっては、このような毎日を過ごしていれば、ストレスで仕事に集中できないと思うのです。しかし、女性の多くが、こういった生活を余儀なくされている現状があります。これが、現代社会において、あなたの大切なパートナーが直面していく出来事で、男性も育児参加するべき理由です。

理想・週30時間労働のススメ

実際に通勤時間が片道1時間の場合、朝と夕方に子供と関わることを考えれば、次の図のようなイメージになるのではないでしょうか？

週30時間　毎日6時間労働（仕事関連時間9時間）

・通勤　片道→時間1時間
・仕事時間→7時間（うち、休憩1時間）

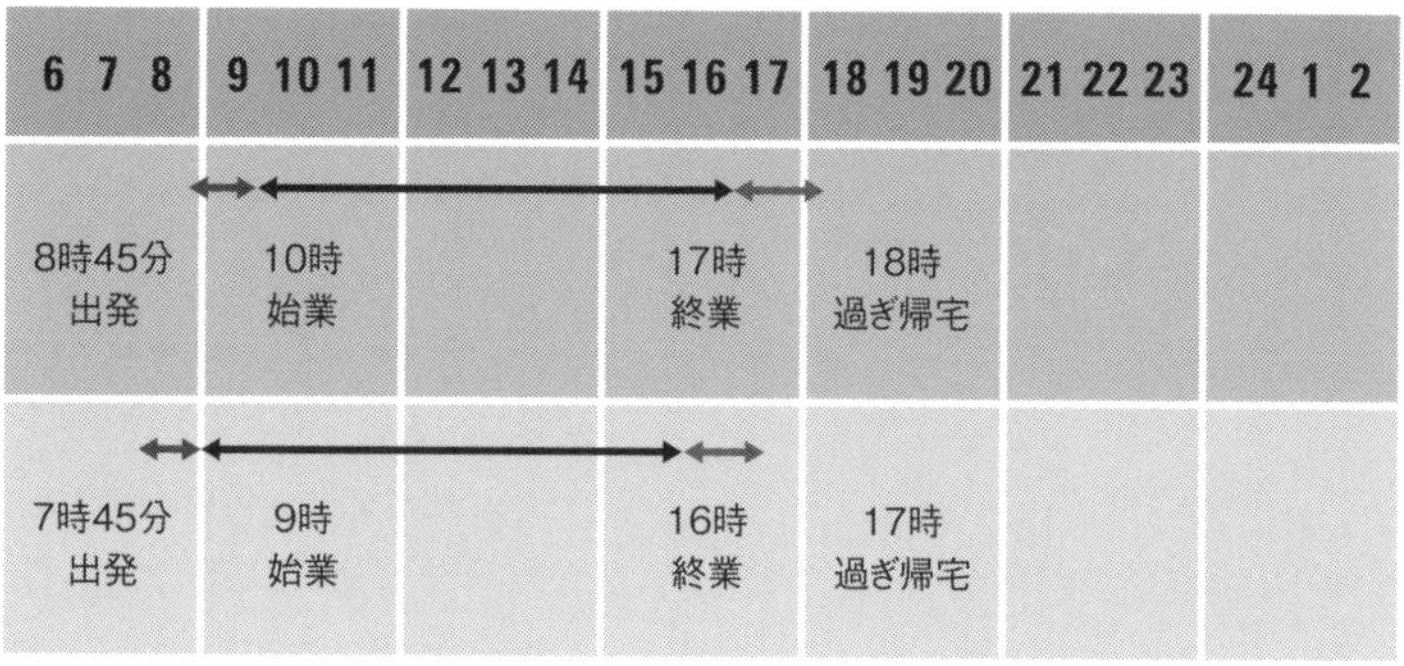

週30時間労働で、毎日6時間勤務。理想的すぎると思って、呆気にとられる方もいらっしゃるかもしれません。しかし、本当に子供との時間と両立させることを考えると、このくらいの時間配分になります。

実際に弊社の女性社員で、この図に近いスケジュールで仕事と育児をしていた者がいます。福利厚生が整っている会社で、時短勤務が可能でしたが、

・朝は自分の支度と子供の準備をして送る
・職場につくと、ミーティングや業務

・仕事を早く切り上げて、子供のお迎え
・家に帰ってからは、子供の世話や夕食の準備や片付け

という毎日を送っていました。本人曰く、移動・仕事・子供の世話で忙しすぎて、**椅子に座る時間さえもったいない**と思って過ごしていたそうです。

いったん、できるできないは別にしておいて……働きながら育児をしている女性は、このようなスケジュールで動いていることが多いということを、想像していただきたいと思います。大変だと思うかもしれませんが、逆に**残業が常態化している会社であれば、育児をしながら働くことは、実質不可能**なのです。

だからこそ、**私たちは、これからの社会においては、「短時間で、成果を出すスタイル」に移行していく必要がある**のです。

2-4

新しい時代の働き方とは

「短時間で成果を出す？　そんなこと無理だろ！　ふざけたことを言うな！」と、思う方もいらっしゃると思います。しかし、今、経済界でずば抜けた成果を出す方も、一定数、同じことを主張されているのをご存知ですか？

ライフネット生命の創業者で、立命館アジア太平洋大学学長の出口治明氏は、こう主張されています（出典「思い込みは捨てよ！」ITmedia ビジネスオンライン）。

「例えば、ある出版社に編集者Aさん、Bさんがいたとします。

Aさんは朝8時に出社して、夜10時まで真面目に作業をしています。帰宅の後は『メシ・風呂・寝る』の生活です。でも、企画した本はぜんぜん売れない。

一方Bさんは、10時ごろ会社に顔を出すと、すぐカフェに出かけ、そのまま外部の人とランチを食べに行ってしまう。夜は6時に退社して趣味のサークルに参加。でも、ベストセラーを連発する。

あなたが出版社の社長だったら、どちらを評価しますか?」

では、これがカラーテレビを作る工場だったら、どうでしょうか?

Aさんが担当するベルトコンベアーは、朝8時から夜10時まで、ほぼ休むことなく働き続けてテレビを製造します。一方、Bさんのベルトコンベアーはそれほど稼働しません。

「Aさんは工場労働者であれば評価されたでしょう。長時間働けばたくさんの製品ができ上がりますから」

つまり、製造業のような「工場モデル」と、発想力を競う「サービス産業モデル」では、働きかたが違うのです。

日本自体の生産性を上げるには、人口を増やすか、生産性を上げるかの2択です。しかし、人口は急には増えないので、生産性を上げる必要があると主張されています。

そして、脳は体重の約2%しかないのですが、エネルギーの20%以上を消費しています。世界中の脳科学者の見解として、**人間の集中力がもつのは、2時間×3、4コマが限界なのです。つまり、休憩時間も含めながら、トータルで6~8時間。**それ以上だと、情報過多になると。

そう言うと、50~60代の方々には、「自分たちの若いころは、徹夜して長時間働いたら達成感があった。成長することができた」という方もいます。

しかし、医学的に証明されているのが、**脳は疲れると、脳内から快感を伝えるホルモンを出す**ということです。要するに、**実際に能率が上がったのではなく「仕事をした気分」になる**ということなのです。

長時間労働が常態化すると、

①脳が疲れ集中力が低下する
②根性で成果を出すことが習慣になると、創意工夫をやめる
③このスタイルでは、家庭との両立が不可能なので、多くは女性が離職する
④労働スタイルや社風に疑問があっても、意見を言えない社風が形成される
⑤管理職や経営陣も、暗に長時間労働をよしとする文化ができる

という昭和スタイルが引き継がれていきます。

そして、あなたが、

・自由な時間が取れない
・自分自身のスキルアップの時間が取れない
・家族ができても、家族との時間を作れない
・年齢が上がると、柔軟性や筋力の低下が起こるが、健康をケアする時間が取れない

というサイクルに陥ってしまいます。好きな仕事で健康も維持できるならアリですが、**このサイクルが日本と家庭を蝕んでいる、大きな理由**だと確信しています。

したがって、この2つが大事になってきます。

①価値を生み出す大切な活動を把握して、そこに時間とエネルギーを集中させる

②付加価値を生まない活動にはNOを言い、断る

では、どうすれば良いのでしょうか?

次のページから、実例を交えて説明していきます。

2-5

あるビジネスパーソンの実話

80：20の法則など、20%の時間で、成果の80%を作ると言われる法則もありますが、実際に仕事時間を20%にしながら、爆発的に成果を作った事例をご紹介させてください。

ある会社でＢｔｏＢの営業をしていたＡさん。Ａさんの仕事は、中小企業の社長向けに、企業研修を提案する新規営業と、既存顧客のフォローでした（コロナ前の２０００年代です）。

会社からは、毎月、新規の経営者5名との面会（なるべく紹介を受けての面会）、また、合計で1ヶ月に50回の訪問、２００件の電話がけが目標としてありました（日々の活動に落とすと、1日3～4件の訪問と、15件ほどの電話がけ）。

彼が担当するエリアは、関東や関西ではなく、人口が少ない東方地方でした。会社の目標のKPIを達成するには、1件1件の訪問の間に、車移動をしながら電話をする必要があり、ハンズフリーで、車を運転しながらかけていました（＊現在は違法です）。

また、顧客企業間の移動も長距離で、10km以上の移動は日常茶飯事、場合によっては高速道路で1時間以上かかることも多くありました。

慣れない土地でカーナビの指示に従いながらの運転、それに加えての電話がけは、相当の疲労度になり、集中力も下がっていきます。彼は、営業をスタートして3ヶ月ほどで、レンタカーで物損事故を起こします。

しかし、叱責されて営業を外されることを恐れ、会社には伝えずに、レンタカーの補償費用10～15万円を自腹で払いました（今は社風は変わっています）。

彼は、「この仕事のスタイルを続けていたら、自己破産するし、自分が重大な事故を起こす」と悟り、なんとかして肉体的な負荷を減らしながら、成果を作る必要があると痛感しました。

諸々の試行錯誤をしましたが、出た結論は、**「新規の経営者に、他の営業マンの5倍以上は会う」ということです。この1点に集中することを決意して、他の無駄なことは勇気を出してやめる**ことを決意しました。

当時、朝6時に中小企業の経営者が30～100人ほど集まる会があることを知り、その会に参加することにしました。東北に出張中の火曜から金曜、毎日その会に参加しました。すると、経営の規模の大小はあれど、100人以上の経営者に会って名刺交換などをすることができました。

他の営業マンは、新規で5人の面会が目標である中、彼はその10～20倍の経営者との接点を作り出しました。そして、朝6時の会なので、会が開催されるホテルで前泊し、朝6時～8時半頃には、営業マンとして一番大事なKPIを他の人の10倍以上実現していました。そして会が終わる8時半頃には、ホテルの部屋に戻って寝ていたそうです。

また、彼は東京から仙台の出張生活でしたが、その朝会に定期的に参加している人は、地元の保険営業や証券会社の営業マンでも、ほとんどいませんでした。結果的に、ありがたいことに、

「生まれは関西で、オフィスは東京なのに、仙台の朝会に参加している人がいる」

というちょっとした話題にもなったそうです。

この活動を続けてから10ヶ月ほど経過した頃、この朝会で新規の顧客ができ、そこからの紹介で新規顧客が広がっていきました。

以前は営業成績が壊滅的なエリアでしたが、新規顧客が5倍以上になり、その年は会社で最優秀エリア賞を受賞するまでになりました。もちろん、**彼は、基本的に午前中で主要な営業を終わらせて、午後はレンタカーでカフェに行ったりもしていました。**

実は、このAさんは僭越ながら、私が25〜26歳のときの実話です。当時から、ある

ことがキッカケで、短時間で成果を作る必要性について理解していたので、自分の働き方に活かしていました。そこから15年が経過し、まさか、日本全体が短い時間で成果を作る方向へシフトする必要に迫られるとは、想像していませんでした。

大事なポイントは次の4つです。

①増やすこと、頑張ることではなく、減らすことで生産性が上がることを知る
②毎日や1週間の、時間ごとの行動記録をつける
③「成果を生んでいる行動と、成果につながっていないこと」「自分が好きなことと、やりたくないこと」に分類する
④「成果につながる行動」に集中し、「大事だけどやりたくないこと」は、外注したり、他の人に依頼したりする。やらないことを決める

このステップで、自由時間を作れます。

2-6

家族や仕事が大事なら、必要なことがある

ここまで、短時間で成果を作ることを勧めているのは、良い家庭を築くことや給料アップだけが目的ではありません。**あなたが人生を自分でコントロールできるようになるため**でもあります。

私は大学生のときに、本当に運良く、マサチューセッツ工科大学を首席で卒業して実際の企業で活躍した教授から、ある授業を受ける機会に恵まれました。その授業は強烈なインパクトがありました。

国際企業組織論という授業でしたが、教授は初回の授業でいきなり「お前たちの頭の中は、社会に洗脳されている」と言い放ったのです。

身長が185cmはあるアメリカ人教授Mr・Gは、京都の西陣羽織を洋服にアレンジして着こなし、見た目から只者ではない雰囲気がありました。

彼は自身が若い頃に、AI（人工知能）の研究で成功し、社会人生活やビジネスで頭一つ抜き出て上手くいったと話していました。

当時の私や他の学生は、人工知能と聞いても何一つイメージできておらず、ポカーンと口を開けていたような状況です。

しかし、今思えば、20年前にすでにAI研究で成功していたというのは、驚きでしかありません。

Mr・G曰く、マサチューセッツ工科大学に入学したとき、周りが秀才・天才ばかりで苦労したそうです。そこで、**長時間学習ではなく、短時間の学習でよい成績を取る方法を編み出した**そうです。

そこから彼は、ビジネスで上手くいく考え方やメソッドを100ほど編み出して、英語で500ページほどの本にしていました。

彼は、いくつかの実践的なメソッドを授業で叩きこんでくれました（ただ、非常に毒舌だったので、段々と参加人数が減って、本気の学生だけが残っていました）。

その中で一番、印象的な言葉がこれでした。

Mr・G「いいか、今、学生のお前たちは、

・あまりお金はないかもしれないが、

・時間はあって、自由もあるだろう？

しかし、これから就職して社会に出ると、最初は会社や組織の底辺からスタートすることになる。

就職してしばらくは、

・給料が安くてお金が少ない

・時間も自由もない状況になる

社会人になってから、何が大事かわかるか？」

	お金	時間	自由
学生	×	○	○
社会人初期	△	×	×

「社会人になって大事なのは、初任給じゃないぞ……
一番大事なことは、『時間を作る能力』だ」

「お前たちがまずやらないといけないのは、**短い時間で成果を作ること**。これができれば、余った時間で本当に自分がやりたいことに取り組める。スキルアップの時間も取れる。逆に短い時間で成果を作る能力がないと、人生ずっと誰かの奴隷になる可能性がある」。

こんな内容を、少し甲高い大きな声で、学生をやや馬鹿にするような態度で話していました。また、ここでは書けないもっと強烈な言葉も授業では話していました。おそらく、そうやって当時の私たち学生の感情をわざと刺激し、記憶に残るようにしていたのでしょう。

これが、私が短時間で成果を作ることの必要性を理解することとなったキッカケでした。

さて、あなたはどう思うでしょうか？　会社や仕事はお給料をいただける大切な場所だからと、違和感を持たれた方もいらっしゃるかもしれません。

しかし、私は学生のときにＭｒ・Ｇから教わっていなければ、人生が詰んでいたと断言できます。独立起業どころか25歳のときの最初の法人営業で成果を作れず、自己肯定感が低く、成功体験がないまま年齢を重ねていたはずです。

逆に言えば、20代からこのことを知って仕事をしてきて、本当に良かったです。Ｍｒ・Ｇの考え方は、独立や起業にも、家族を運営することにも役立つものですので、ぜひこの機会に多くの方に知ってほしいと思い、お伝えしました。

戦略
3

家族を運営してチーム運営術を身につける

3-1

家族運営で仕事に必要なことが全て身につく

基本的に会社と同じマネジメントを家庭に持ち込むと、パートナーか子供のメンタルに悪影響を及ぼします。**数字か規則が最優先になることで、感情面が置き去りになる上に、成果を出していないと居場所がなくなる方式は、家庭に向かない**からです。

この辺りの感覚が鋭い人は、会社と家とでは、上手く切り替えています。

しかし、**仕事で必要なスキルは、家庭で全て身につきます。** それはなぜなのでしょうか?

結局のところ、ビジネスマンが価値を発揮する形態は、次の2パターンだと思います。本質を突き詰めていくと、このどちらかの人間になれれば、組織の中で自然と活躍するフィールドが生まれるはずです。

①新しい価値を生み出し、独立起業する
②会社などの組織で、出世していくか、専門分野を極める

すなわち、①は新しい価値を創造し、事業化できる人材（0から1を作り出せる人）です。新しい枠組みを作ることに長けていて、既存の枠組みに対して、不完全な点を見つけて価値を作り出していきます。一方、②は既存事業の売上・利益を最大化できる人材（1のものを10や100にできる人）です。ある程度の枠組みがある中で、実力を発揮できます。

要は、①0から1を作り出せる人、②1のものを10や100にできる人というのは、絶対に周りが放っておきません。万が一、今勤めている組織が倒産したとしても、①の方は副業や起業で成功します。②の方は他の組織で働いて、能力を発揮します。だから、優秀な1人のプレイヤーよりも、優秀なマネージャーは市場価値が高いのです。

そして、**これを最も身近に体験できるのが、家族関係**なのです。

結婚当初は、1人の人間と1人の人間が一緒になります。

通常、算数では、1＋1＝2になりますが、相乗効果の生まれない関係性は、1＋1＝2未満になります。お互いに信頼できず、家の中でも安心できずにギスギスします。タスク面でも、どちらも家事をしなかった場合、余計なストレスが発生します。

逆に、**相乗効果の生まれる家族では、1＋1＝2より大きくなります。**パートナーがいるお陰で、安心もできるし、仕事に精を出す理由ができます。家事などのタスクの役割分担も明確で、余計なストレスが減ります。また、金銭面でも協力することで、一人暮らしよりも豊かな生活が可能になります。**さらに、子供が生まれた場合、確かに使う時間や出費は増えますが、1＋1の関係が、3や4になり得ます。**

逆説的に見て、一番身近な夫婦や家庭で何かしらの相乗効果が生まれていない場合、職場や組織においても、大きな相乗効果を生み出すことに苦労するかもしれません。

逆に、**家庭が上手く機能している場合、仕事においても組織が上手く機能しだす可能性が非常に高い**のです。特に女性が多く働いている職場の場合、パートナーとの関係が良い男性は、働く女性の気持ちに共感できることが多いからです。また、男性が上司の立場である場合、家庭円満だとそれだけで女性の方々からの評判は上がります。

3−2

家族を船旅に例えると

夫婦はそれまで別々の個人が、２人で共同生活を送ります。物理的に一緒の家に住む生活は、**船で例えると、１つの船にあなたとパートナーの２人の乗組員がいる状態**です。

あなたが子供の頃は、両親が船の乗組員であなたは乗客のような状態でした。しかし、成長して大人になることで、親とは別の船に乗ります。そこから、独立した個人同士が、１つの船に乗るイメージだと思います。

そして、あなたは旅をするために船に乗るとき、どういう基準で船を選びますか？おそらく、最初は、**船の「行き先」**のはずです。自分が行きたい所とは別の所に向かう船には乗らないでしょう。

夫婦関係を旅で例えると

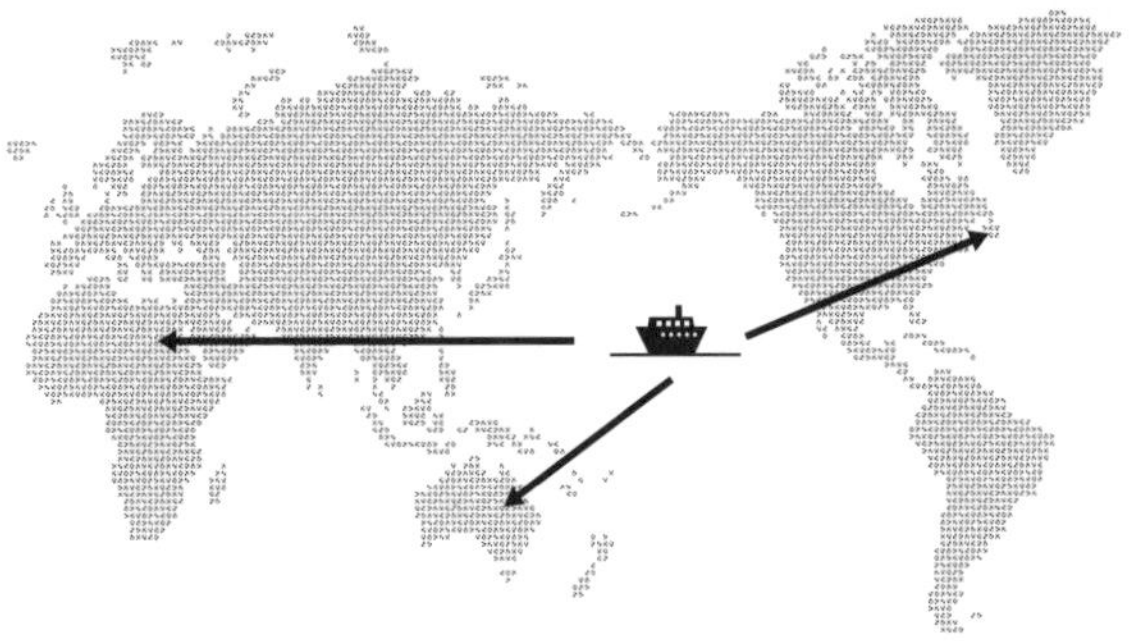

行き先（ビジョン）
- ニューヨーク
- アフリカへ旅行

大切な価値観（バリュー）
- 自由
- 冒険
- 安心
- リラックス

など、それぞれが違っていてOK

目的（パーパスや、理念）
- 幸せな人生

ただ、何に幸せを感じるかは、人によってバラバラです。

運営管理（マネジメント）
- 燃料や食料
- 適材適所
- 予算・金
- 物
- 人
- 天気・情報

目標（ゴール）
- 旅行に向けて、一定金額貯金する
- 言語を勉強するなど

次に、**船のランクや客室**などを選んでいくはずです。豪華客船でラグジュアリーな部屋がいいのか、コスト重視で一番安い部屋がいいのか、窓から外が見える部屋がいいのか、などですね。行き先は同じでも、あなたの大切にしたいことが満たされていない旅だと、道中の満足度は下がりかねません。何を大事にしているかで、選ぶ船の質や、使うお金が変わってきます。

また、旅の道中には、何かしらのトラブルや予期せぬことも起こり得ます。食べ物が合わない、船酔いする、などなど。こういうときに、大切になるのが**旅の**

「目的」です。

もし、思い出になる旅行をすることが目的であれば、仮に小さなトラブルが起こってイライラすることがあっても、「大変だったけど、思い出すと楽しかったなぁ」と思う余裕が生まれます。

もし目的が、「自分で稼いだお金で、パートナーを喜ばせる」というやや自分目線のものだと、何かトラブルが起きたとき、スタッフに向かって「おい、お金を払っているんだから、ちゃんとサービスしろよ！」と強くクレームを言ってしまったりして、旅行の雰囲気が悪化するケースも考えられます。

ここから、**日々の船の運営管理**があります。船は安全か？　燃料はあるか？　食事はちゃんと準備されているか？　予定通りに船は進んでいるか？進んでいないとしたら、どう修正するか？

要は、家族を船旅に例えると、次のようになります。

・行き先が、ビジョンや家族の目指す将来像

会社でも、どこに向かうのかわからないまま業務をし、困惑したことは、誰でも一度は経験していると思います。目に見えない部分ですが、非常に大事です。

・何を大事にしているかが、あなたの大切な価値観

これが満たされているか否かで、日々の幸福度が大きく変わってきます。我慢や忍耐を大事にしていたら、家庭生活も我慢の日々になりかねません。

・なぜ船旅をしたいのかという理由が、家族を築く目的や存在意義

あなたは、もちろん自分自身が幸せになるために家庭を築かれたと思いますが、同時に、大切な人をさらに幸せにしたい、夫婦で幸せな生活を築きたいと思っていらっしゃるはずです。

・日々の船の運営管理の部分が、家族で言うマネジメントの部分

日々の家事、子育て、お金の管理、両親との人間関係などなど。正直面倒くさいと思うこともありますが、1つずつ向き合っていけば、必ず乗り越えられます。逆に、仕事でもそうですが、大事だけど面倒なことをずっと後回しにすると、さらに面倒になり、時間もコストも余計に発生することになります。

そして、**なぜ家族を上手くマネジメントすることが大事かというと、次の3つに関わることができるから**です。

・ビジョン作成
・大事な価値観の共有
・目的や存在意義の確認

これらは、会社では多くの場合、経営者か役員クラスでないと関わることはできないものです。経営者や役員になるには、どれだけ出世が早くても、大手企業では20年はかかりますし、その立場に昇進できるかは、実力に加えて運も必要です。

しかし、**家族においては、これらのことは、あなたとパートナーの2人で自由に決められる**のです。すごいことではありませんか？

また、あなたが課長やグループリーダー、もしくは後輩育成という業務についている場合、メンバーに仕事をする目的や、会社の大事な価値観まで共有できると、メンバーのパフォーマンスが劇的に変化する可能性があります。

なぜなら、**目的や意義を理解している人は、指示命令がなくても自発的に動くことが可能になるから**です。また、**本人がやりたいと思って仕事に取り組むと、義務感で取り組むときよりも、何倍もパフォーマンスが向上します。**

最初にこういった状況を作るのは確かに大変な部分もありますが、一度ビジョンや価値観、目的や存在意義を言語化して共有できれば、その後が非常に楽です！

そして、これらの要素は、家庭においても全部大事です！パートナーにも自分にも、得意な部分・不得意な部分はありますが、**できることならこれらを全て書き出すことができるといい**と思います。

もちろん、最初から完全なものを作成しなくてもOKです。なぜなら、大事な価値観なども、2人だけの生活のときや子供が生まれたとき、子供が思春期に入ったとき、お互いの両親に介護が必要になったときなどで、その都度状況が異なってくるからです。

まずは、30％の出来でもよいから作成してみて、そこから夫婦で話し合って調整していくのがよいでしょう。

3-3

家族という船で、大切なこと

では、家族という船旅を最高のものにするために、大切なことを5つお伝えします。

❶意識して、主語を私（I）から、私たち（We）にする

これまで多くの家族を見てきて気づいたことは、**夫婦仲が良い方は第三者に家族の話をするとき、「私たちは～～」という主語を使うことが多い**ということです。意識が自分1人ではなく、私たちという所に向いています。

逆にパートナーとの関係に悩まれている方は、無意識ですが「私は○○で、妻（夫）は、▲▲です」という言葉を使う傾向があります。頭の中で、自分は自分、相手は相手と別々の世界になっている可能性が高いのです。

ぜひ、「私たちは」などの複数形を意識して使ってみてください。

❷ あなたの正論をパートナーに押し付けない

成熟した大人同士であれば、押し付けることは相手の反発を生みます。成長したいという欲求は多くの方が持っていますが、**誰も相手から強制的に変えてほしいとは思っていません。**あなたも、上司やパートナーから、強制的に人格を変えるようなアプローチをされると、反発するはずです。30年ほど前は普通だったかもしれませんが、現代ではハラスメントや人権侵害になりかねません。

相手にあなたの考えを伝えたいときは、「～しなさい」「～しろ」という命令口調ではなく、**「自分は～～思う」「そして、あなたは、どう思う？」というような伝え方がオススメ**です。

❸ なるべくお互いに我慢しない。意見が違うときは、話をしてお互いに納得する

良いチームの5つの条件を紹介しましたが、まず一番大事なのは、「心理的安全性」です。相手にこれを言うと、嫌われるかもしれない。これを言ったらダメだから、自分が我慢しよう。そう思っている間は、本当の信頼関係は存在していません。

特に男性の場合は、自宅が安全でないと感じると、夜の飲み会に頻繁に参加する、休日は自分の部屋に閉じこもる、などの行動をする場合があります。これが続くと、パートナーは怒りや悲しみを感じて、余計に関係が悪化します。

だからこそ、**大切なパートナーが不満に感じることがあれば、爆発する前に、ちゃんとその都度解消する関係性を築くことがオススメ**です。風船のように、空気が入りすぎて破裂すれば終わりです。ですが、破裂するまえにちゃんと空気を抜いていれば、爆発することはありませんよね。

また、パートナーと何度も腹を割って話し合っても、お互いの生き方を尊重できないと思ったときは、無理して結婚生活を続ける必要はないと思います。我慢してその生活を続けるくらいであれば、離婚してお互いにリスタートする方が、長い目で見ると良いと思います。

❹ 違いを尊重し、楽しみ、協力するスタンスをとる

パートナーシップは共同創造です。あなたがビジネスパーソンとして非常に優秀で、1人で全てできると思うときもあるかもしれませんが、**あなただけでできることには限界があります。これは、家族でも仕事でも同じです。**

集団スポーツの経験がある方は、なんとなく腑に落ちるかもしれませんが、サッカーを例にしてみましょう。

あなたが世界で最も優れたFWだとしても、1人でサッカーをして良いパフォーマンスを発揮するのは不可能です。

・あなたが最強だとしても、相手を毎回全員抜いて、シュートを決めることはできますか?
・あなたが最強だとしても、11人いる相手の攻撃から、守ることはできますか?
・あなたが最強だとしても、あなたのプレースタイルを、DFやGKに押し付けるこ

とに意味がありますか？

ＦＷにはＦＷに合った性格とプレースタイルがあります。１回の試合の中で９回ミスをしても、１回のチャンスを活かしてゴールをすれば、評価されます。

ＤＦにはＤＦに合った性格とプレースタイルがあります。１回の試合の中で９回完璧でも、１回のミスが失点につながるときもあります。

また、ＦＷが決定機を外しても、ＤＦがしっかりしていれば試合には負けません。ＤＦがミスをしても、ＦＷが得点すれば試合では勝てるときもあります。

性格や強みが違っていてもＯＫで、お互いを尊重し合う姿勢が大事です。特に男性は、どんなにスーパーマンでも、出産をして新しい命を生み出すことは不可能です。パートナーがいて協力できるからこそ、人生の幅が広がるのです。

❺ なるべく自分の機嫌は自分で取る。良い状態で、家族と関わる

職場でも、あなたの上司の機嫌が悪そうだと感じたら、どうでしょうか？ 相談事

項も様子をうかがいながら相談し、なるべく機嫌を損なわないようにするはずです。また、上司の機嫌が悪いときに自分に話しかけられたら、緊張感が走るでしょう。

同じように、**夫婦関係でもどちらかの状態や機嫌が悪いと、相手にも影響を与えます**。特に子供が生まれた場合、3歳くらいの子供でも、敏感に両親の機嫌を感じとっています。なるべく外でのストレスを緩和して自宅に戻ることが、家族に良い影響を与えます。

夫婦生活は鏡のようなもので、あなたが機嫌良く過ごして相手に接すると、相手も機嫌良く接してくれます。あなたが機嫌悪く過ごして相手に当たると、相手もあなたに同じように機嫌悪く当たってきます。あなたが、自分を抑圧して相手に接すると、相手も我慢するか、あなたに対して攻撃的になることさえあります。結局、**あなたが自分の機嫌を自分で取り、自分自身を尊重することが、相手の幸せにもつながっていく**のです。

一昔前は、男は我慢、男は耐えるのが美徳、という時代もありました。これでも上手くはいきますが、大切なパートナーも我慢して過ごすようになります。また、子供が生まれた場合には、小さい子供が自由に過ごしているのを見てイライラして、子供にまで我慢を強いることが多くなります。長い目で見て、誰のためにもならないのです。我慢ではなく、**あなたが自分自身を大切にするからこそ、真の意味で、パートナーや生まれてくる子供も大切にできます。**

疑問に思う方もいらっしゃるかもしれませんが、多くの方は、「より幸せになるため」「幸せな家族を築くため」に結婚したはずです。幸せを実感するために、プロセスとして今を犠牲にする生き方もありますが、**幸せを感じながら幸せな家庭を築くことも可能**なのです。

3－4

オススメの家族の在り方——ティール組織を参考に

さて、ここからは、『ティール組織——マネジメントの常識を覆す次世代型組織の出現』（英治出版、2018年）という本を参考に、オススメの家族の在り方を紹介していきます。

この「ティール組織」という概念は、マッキンゼーで10年以上にわたり組織変革に携わった後に独立し、2年半にわたって世界中の組織を調査したフレデリック・ラルー氏によって提唱されたものです。ラルー氏は、既存の組織を「無色」、「マゼンタ」、「レッド」、「アンバー」、「オレンジ」、「グリーン」、「ティール」と分けました。これは企業だけでなく、家族にも通じる部分があるので、順番に説明していきます。

人類のパラダイムと組織の発達段階

7

進化型《ティール》

変化の激しい時代における生命体型組織の時代へ。自主経営（セルフマネジメント）、全体性（ホールネス）、存在目的を重視する独自の慣行。

6

多元型《グリーン》

多様性と平等と文化を重視するコミュニティ型組織の時代へ。ボトムアップの意思決定。多数のステークホルダー。

5

達成型《オレンジ》

科学技術の発展と、イノベーション、起業家精神の時代へ。「命令と統制」から「予測と統制」。実力主義の誕生。効率的で複雑な階層組織。多国籍企業。

4

順応型《アンバー》

部族社会から農業、国家、文明、官僚制の時代へ。時間の流れによる因果関係を理解し、計画が可能に。規則、規律、規範による階層構造の誕生。教会や軍隊。

3 ※原初の組織形態が登場

衝動型《レッド》

組織生活の最初の形態、数百人から数万人の規模へ。力、恐怖による支配。マフィア、ギャングなど。自他の区分、単純な因果関係の理解により分業が成立。

2

神秘的《マゼンタ》

数百人の人々で構成される部族へ拡大。自己と他者の区別が始まるが世界の中心は自分。物事の因果関係への理解が不十分で神秘的。

1

無色

血縁関係中心の小集団。10数人程度。「自己と他者」「自己と環境」という区別がない。

出典：フレデリック・ラルー著
『ティール組織』（英治出版、2018年）

まずは、**レッド（衝動型）**です。

これは、**人類最初の組織形態**と言われています。一番強いボスがいて、そのボスがすべてを仕切っている組織です。わかりやすく言うと、**ギャング、マフィア**といったグループです。ボスに好かれている間は可愛がられますが、ボスの機嫌を損ねたり、意向に沿わないことをしたりすると、消される可能性さえあります。

家族関係で言えば、モラハラやパワハラでパートナーに常にプレッシャーをかける関係性が近いかもしれません。

そして、結婚後のマネジメントやパートナーの心を大事にしていないと、どんな素晴らしい相手も、鬼に変化する可能性があります。

次が**アンバー（順応型）**です。

アンバーでは、前のレッドがあまりに権力者に依存する組織だったので、その反省点から**規則や規律、ルールができてきます**。今の社会で言うと、**宗教団体や軍隊**です。指揮系統が明確で、規則・命令がしっかりしています。ただ、不測の事態が発生したとき、上層部の意思決定が必要なので、変化に柔軟には対応できません。

家族で言うと、門限やルールが多いような家庭はここにあたるかもしれません。昭和初期だと、男性が風呂も食事も先というような決まりがあったかもしれません。ルールを破る子供は、悪い子供だと思われがちです。しかし、このステージから次へと変化するためには、既存のルールに対してNOを言い、自分の意思を表現できることが必要です。

そこから1つ上に上がると、**オレンジ（達成型）**です。

これは会社や企業で言うと業績至上主義。要は、**成果を作った人が一番出世していく組織**で、こういった会社形態は多いと思います。このオレンジは、計画や予測を立てて実行するので、確かに結果が出ます。しかし、結果が出ない人を切り捨てる、結果を出すためには手段を選ばずに人権軽視や環境破壊を行う、人材を採用する場合には自社を華美に見せてしまう、というようなことが起こります。

家族で言うと、偏差値至上主義や親の年収・勤める会社によって子供の評価がされていくような形でしょう。給料を稼いだ人が偉い、稼いでいない人は貢献していない、テストの点数が低い子供はダメという考え方です。

これに違和感を持った方々は、グリーンの組織を作ると言われています。

次は、**グリーン（多元型）**です。

これは、**多様性・平等を意識するコミュニティー**です。

わかりやすく言うと、**NPOやNGO**と言われていますが、全員平等という名のもとに組織が運営されていきます。傾向としては、1つ前のオレンジに対して、数字至上主義が過度であると批判しがちです。

このグリーンは一見素晴らしいのですが、全員が平等であるために意思決定が進みにくく、結局は大きなインパクトを生みにくいと言われています。

家族で言うと、以前の世代では考えられなかった、お友達のような家族に近いかもしれません。

この無色からグリーンまでが1つの組織形態で、そこからティール型へ進んでいくと言われています。

次に**「ティール組織」**の説明です。

これは**同じ目的を共有する組織**と言われていて、例えば**人体**がその最たる例です。

私たちの身体をイメージしてほしいのですが、身体は、約37〜60兆の細胞があると言われています。この細胞の1つ1つが機能することで、身体が機能しています。

一見、脳が素晴らしい役割を果たしているように思われるかもしれませんが、脳の司令が届く前に、熱い物に触れれば条件反射で身体が動きます。脳の命令なしでも勝手に皮膚が再生し、髪の毛も伸びます。また怪我をして出血した場合は、勝手に血小板が集まって、止血されます。

本来、人間の組織というのは、すべて命令されていなくても勝手に動き、成長し、排泄物を作っています。

要は、同じ目的を共有しているのです。生命を維持する、もしくは繁栄させる。

このように、同じ目的を共有し、自主的に動きつつ協力している組織が、ティール(進化型)と言われています。


そして、**ティール(進化型)の場合、次の3つのことを大事にしている場合が多い**

です。

❶ 自主経営（セルフマネジメント）

階層や指示命令によって動くのではなく、自主的に個人やグループが動くことです。家族で言えば、家事などの日々のタスクに関して、夫婦のどちらかより詳しい人や、そのときに手の空いている人が動くことが、これに当たります。

❷ 全体性

あなた自身の長所も短所も自分で受け入れることです。誰でも1回は、ありのままの自分を両親に認めてほしかったと、思ったことがあるのではないでしょうか？ 親から見て好ましい部分だけを承認され、好ましくない部分は注意されて、嫌な思いをしたことはあるかと思います。全体性を持つことができてこそ、段々とパートナーの弱点や、生まれてくる子供も、丸ごと愛することができるようになってきます。

❸ 存在目的

人体であれば、生命の維持と種の保存・繁栄を目的にして、何十兆もの細胞が連動しています。よく、自律型社員が会社でも求められていると聞きますが、「組織の存在目的が明確であり、働く人が共鳴している」「マネジメントの仕組みとして、自発的に動くことが可能である」という2つのことが最低でも必須のはずです。家族も同じように、何かしらの目的があってもよいかもしれません。

先ほどの人体の例に戻ると、何十兆もの細胞が、目的を共有し（存在目的）、緊急事態があれば自発的に動きます（自主経営）。また、脳や心臓が大事な役割を担っているように思いますが、本来、優劣はありません。1つの器官だけではできないことを、全体が連動することによって、私たちの身体や意識は成り立っています（全体性）。

ところで、ティール型は、なぜ進化型と言われているのでしょうか？

3-5

ティール型は、なぜ進化型と言われるのか

優劣の価値観からの卒業

第一段階のレッド、アンバー、オレンジ、グリーン。

ここに存在している人々は、自分たちの世界だけに価値があり、ほかの人々は取り返しのつかないほど間違っていると考える傾向があるようです。レッドは規律中心に。アンバーは、仲間から外れる人が裏切り者のレッテルを貼られがちです。オレンジであれば、他の組織が非合理的でヌルく見えます。また、グリーンは、オレンジを見て数字至上主義だと批判しがちです。

家族関係も同じで、**自分は正しくて相手が間違っている、自分が優れていて相手が**

劣っている、という考え方になりやすいのです。あなたの価値観にパートナーや子供が合っているから上手くいっていて、あなたの価値観に合わないから失敗しているという考えから卒業できれば、どれくらい家族や子供が変化するでしょうか？

エゴ（自我）を上手くコントロール

発達心理学によると、人類は意識が進化してくると、段々と自分のエゴ（利己心）を抑制し、より自分らしく、健全な存在になっていきます。

例えば、自分の欲求を衝動的に満たそうとする状態を上手くコントロールできてくると、レッド（衝動型）からアンバー（順応型）に移行できます。また、自分の属する集団の決まり事を拒否できるようになると、アンバー（順応型）からオレンジ（達成型）に移行できます。そして、**自分自身のエゴから自らを切り離せてくる**と、ティール（進化型）への移行が起きてきます。

こちらも、まさしく家族に当てはまります。

・自分の欲求を衝動的に満たそうとする状態を上手くコントロールできる

身長が大きくて、筋肉量も多い人がこれをすると、相手は萎縮します。

・自分の属する集団の決まり事を拒否できる

今は30年も経過すると、世の中の状況も職業も一変します。昔の決まりを守り保存することが目的になると、大きく変化する周りから自分だけが取り残されてしまいます。また、発達段階で親にNOと言って違う意見を持つことは、その個人にとって、自分自身を生きるという意味で必要です。

・自分自身のエゴから自らを切り離せる

自分だけが正しくて、相手を説得したい、全てをコントロールして支配したいという気持ちを手放します。自分だけが得をするのではなく、自分を満たした上で他者も満たすのです。数字や成果だけで人を判断すると、発達段階の子供や、身体が弱った老人、親に対して思いやりを持つことが難しくなります。

これからの時代は、こういったことが、幸せな家庭生活を築く上で大事な要素になると確信しています。

ただ、人間とは不思議なもので、エゴはダメだと否定すればするほど、エゴの力が大きくなりがちです。**エゴを認めた上で、相手と関わるのが現実的**でしょう。そして、誤魔化さずに、自分に正直に相手に関わることが大事だと思います。

大切なのは、夫婦がどういう形を希望するか？

私個人としては、ティール型が一番フィットするのでオススメですが、最終的には2人が望む形を作るのが一番だと思います。

・どちらかが独裁に近い形で関わる
・規則やルールがしっかり固まっている家族が好き
・年収や偏差値などの数字が大好き

・全員が平等で、全員の意思を尊重
・夫婦で共通の価値観やビジョンをなんとなくでも良いから作り、共有する

本当は、お互いが満足していればどれでもいいですし、時と場合によっては混ざり合っても良いでしょう。

その際、夫婦もしくはご自身で考えてほしいのが、次のことです。

・あなたが、人生で安心したことは？
・あなたが、人生で楽しかったことは？
・あなたが、人生で没頭したことは？
・逆に、あなたが人生で嫌だったことは？
・あなたは、このまま人生が終わったら、何に後悔しますか？
・もし、もう一度子供に戻れるとしたら、どんな親子関係や家族関係が良かったですか？

あなたは、自分が嫌だったことを繰り返すことも、自分で変えることもできます。会社や組織では、すぐに形態を変えることは難しい場合があります。しかし、家族ならできるのです。

おそらく現代の企業は、アンバー（順応型）かオレンジ（達成型）が多いでしょう。規則やルールを重視するアンバーは、変化のスピードが異様に速い現代では、時代の変化に適応するのが難しくなります。新しく意思決定する際にも全て組織内の手順を守る上に、意思決定者が一つ前の成功者であるからです。

時代に適応するというよりはむしろ、なんとかして以前の状況に戻そうと努力しているようにさえ見えます。

すると、その社風に見切りをつけて、**優秀な人材が早く流出していく**ということも起こるでしょう。

また、オレンジは、数字と計画を大事にして、実績が主な評価基準となります。中には純粋に競争自体が好きな方もいらっしゃいますが、競争力が下がると用はなくなります。**経営者にとってスタッフや社員は、目標数字を実現するための道具や駒だと言っても過言ではない**でしょう。

このような組織では、全体がその雰囲気を感じとるため、**数字を実現するためなら、何でもする**ということになります。

しかし、人間の幸福は感情的な要素が大部分を占めるので、この考え方だと本質的な幸せから乖離していく可能性が高いです（年収もある程度までは幸福に関係しますが、ある程度を超えると、必ずしも比例しません）。

何より、達成できたか否かの考え方が強くなると、組織や家族の中で、心理的安全性が担保されにくくなります。

だから、一見非常に遠回りに思えるのですが、**何が個人にとって幸せか、家族にとって幸せかを話し合って、お互いを理解することが非常に大事**なのです。

戦略
4

幸せを模索して リスク管理術を 身につける

4-1

あなたの幸せとパートナーの幸せ、大体違います！

家族で大事なことは、私はこの3つだと思います。

①幸せな人生を作る
②夫婦や家族で、協力して新しい成果や結果を作る（仕事や育児など）
③相手を傷つけることや、失敗につながることは最小限にする

また、家族関係を後回しにしていると、部下や周りの人に、なんとなく家庭不和なのが伝わり、結果的にあなたに憧れが生まれません。また、家族との関係に悩んでいると、身近な人との信頼や協力関係を体験できません。そのため、部下が増えた場合に多くのメンバーの力を引き出すことに困難を抱え、チームとしてあまり良いパフォーマンスを発揮できないこともあります。

家庭生活は、実際は細かな生活のマネジメントの連続です。繰り返しになりますが、**家でも仕事でも全てを自分でしようとすると、時間がいくらあっても足りませんし、他者との信頼関係が築けません。**

3つのうち、③の「相手を傷つけることや、失敗につながることは最小限にする」は、もしかすると①に含まれるかもしれません。しかし、夫婦間には地雷が存在することもあるので、リスク管理という意味で分けました。また仕事は②の成果や結果に直結しますが、仕事以外の時間や退職後は自分で人生を満たす必要があります。

では、**あなたにとって、「幸せな人生」とはどういう状態ですか？**

「幸せ」と聞いて、頭の中に出てくる単語を5つ連想してほしいのです。もし、余裕があれば、パートナーの方と、お互いの答えを隠して、1分半くらいで5個ずつ書いてほしいのです。

あなた

（　　　　　　）
（　　　　　　）
（　　　　　　）
（　　　　　　）
（　　　　　　）

パートナー

（　　　　　　）
（　　　　　　）
（　　　　　　）
（　　　　　　）
（　　　　　　）

そして、5個書いた後に、夫婦でいくつ共通の言葉があったか、確認してみましょう。2〜3個も共通していれば、すごいです。逆に共通点が1個や0個の場合もあります。**ここでのポイントは、共通点の多さではなく、「同じ幸せという単語でも、人によって連想するイメージが違う」ということに気づくこと**です。

私自身は、「妻と子供たちが心から笑顔」「自分自身が心身共に良い状態」「好きな仕事」「自由」「仲間」と書きました。すぐにパートナーと一緒に実施するのが難しければ、私の5個と比較していただいても結構です。

ちなみに、私の妻の幸せの優先度は、私より子供が先にきます。最初はショックを受けましたが、これまでに3000人以上の方をサポートしてきてわかったのは、男性は心の底では妻を一番大事に思い、女性は夫より子供を大事にする傾向が強いということです。

あなたにとっての幸せを追求したとしても、パートナーや子供の幸せを知っていなかったら、人生の方向性がズレていく可能性が高いです。つまり、相手のことを理解したい、大切なパートナーや家族を幸せにしたいとお考えなのであれば、**相手がどういったことに幸せを感じるのかを知ることが大事**なのです。

もし、少しお時間がある方は、パートナーに、幸せという言葉から連想する単語や文章について、一度聞いてみるのもいいでしょう。

4-2

価値観のマネジメント
——同じ体験でのすれ違い

私と妻で新婚当初に、幸せな家庭像に関して意見がわれて、私が感情的になった出来事がありました。夫婦で大家族にまつわるテレビ番組を見ていたときのことです。

1人の40代後半か50代くらいの男性がいて、離婚を2～3回経験し、子供の数は8人前後になっていました。子供たちは同じ家に住み、上の子が下の子の面倒を見ています。そしてその男性は、また再婚をし、奥様に向かってこう言います。

「やっぱり、今の仕事は向かない気がする。仕事を辞めようと思っている」。

このとき、私は妻に、「こんな家族は絶対に嫌だ。最悪だと思う」と言いました。

なぜなら、私にはこの家の男性は無責任に見えたからです。結婚と離婚を繰り返し、その度に子供を作っている。そして、子供が増えたにもかかわらず、仕事も転職を繰り返して、今の仕事も辞めようとしている。意志が弱く、責任感もあまりないように見えて、こんな男性に自分はなりたくないと思いました(今から思えば、自分自身の抱えていた恐れが表面化したのであり、テレビに映っていた男性は私に批判される筋合いは全くないです!)。

そして、妻に「ね、君もそう思わない?」と、同意を求めました。

しかしながら、妻は、「そうなんだ。私はこの家族、意外にいいなぁと思う」と言いました。私は目を丸くして、「こんな家族のどこがいいのか、意味がわからない!!」と言っていました。そして、少し冷静になってから、妻にどこがいいと思ったのか聞いてみました。

すると、妻は、「だって、この家族の8人の子供たち、確かにお母さんは違っているかもしれないけど、親の事情に関係なくお互いに助け合って協力しているよね? 私、そんな姿を見て、いいと思ったの」と言いました。

妻は、過去に兄弟姉妹同士でも仲違いする家族を周りで見てきました。そのたびに悲しい思いをしたそうです。ここで妻のことを理解できずにいたら、私は、「妻の考える幸せな家庭は間違っている！　理解できない！」と怒って、彼女の考えを変えようとしていたかもしれません。また、このときに話し合いができていなかったら、違和感を持ったまま家族関係を続けていたかもしれません。

実際、どれだけ結婚前に仲が良い2人でも、一緒に生活をすると、趣味嗜好は異なりますし、「大切にしている価値観」「人生で目指す方向性」「何に幸せを感じるか」が同じになることはありません。

ここで、自分の価値観を押し付けて相手を変えようとすると、途端に夫婦生活は苦しくなります。**あなたは自分の価値観を大事にした上で、相手の価値観を理解し、できることは協力し、できないことはできないと伝えることが大事**です。

生きる方向性などを明確にしたい場合は、私たちの会社で提供している五感にアクセスするコーチングや講座がオススメです。巻末に無料メルマガのお知らせもご用意しています。

なぜ、価値観が別々なのか？

基本的に人間の脳は、過去の体験から価値観や信条を形成していきます。例えば、コロナという言葉から、何を連想するでしょうか？　おそらく、今は感染症をイメージする方が大半ですよね。しかし、この言葉を今から4年前に聞いたらどうでしょうか？　誰も感染症のことを想像しないはずです。私は、4年前であれば、メキシコのコロナビールを連想して、海外でコロナビールを飲んだ楽しい思い出が浮かんできたと思います。

脳が情報を処理するメカニズム

夫婦で同じ映画やテレビを観ていたとしても、別のシーンが印象に残っています。

例えば、新居のモデルハウスやマンションを見に行ったとしても、女性はキッチンや水回りやダイニングが印象に残っていて、男性は書斎の有無などを見ていたりします。

また、当然ですが、**過去の体験が同じ人は世界に誰もいません。加えて、人の性格も個々で違います。**ほとんどの人は、無意識のうちに過去の体験を思い出しながら、情報を判断しています。火を見たら、過去に見た火事を思い出す人もいれば、仲間や友達としたキャンプファイヤーを思い出す人もいるでしょう。

これまでの日本の社会は、画一性や上下関係で人間関係を作っていました。また、アメリカのような人種のるつぼの社会では、誰もが理解できるロジックを共通言語として、コミュニケーションをとっていました。

そして、大切な家族とは、価値観の違いを理解するため、何に対して幸せを感じるのか、何に対して違和感や不安・恐れを感じるのかを共有できると、お互いの関係性が深まっていきます。

4-3

お金で体験できる幸福の限界

２０１５年にノーベル経済学賞を受賞したプリンストン大学のアンガス・ディートン教授は、年収と幸福度の関係について研究しました。

この研究によると、**年収が7・5万ドル（為替レートによりますが、約８００〜１０００万円）を超えると、それ以降は年収と幸福度の相関はあまり見られなくなる**そうです。

また、日本でも、内閣府が２０１９年に実施した「満足度・生活の質に関する調査（第一次報告書）」において、年収と幸福度に関する調査結果が発表されました。調査はｗｅｂで行われ、「現在の生活にどの程度満足しているか」について0〜10点の11段階で質問したものです。

調査結果によると、年収100万円未満の人の幸福度は平均5・01、年収700万円以上1000万円未満の人の幸福度は6・24で、1・23の差が開いています。

一方、年収1000万円以上2000万円未満の人の幸福度は6・52で、年収700万円以上1000万円未満の人と比べて0・28しか差がないのです。アメリカの研究同様、やはり**年収800万円程度を目安として、年収が幸福度に与える影響が薄れていく**と言えそうです。

さらに同調査では、年収3000万円以上になると、逆に幸福度が下降するという衝撃的な結果となりました。幸福度は、年収3000万円以上の人が6・6、年収5000万円以上の人が6・5、年収1億円以上の人が6・03と緩やかに下降していきます。年収1億円以上の人の幸福度はなんと、年収700万円以上1000万円未満の人の幸福度よりも低いことが明らかになりました。

1つの目安として、年収1000万円まではお金を稼げると幸福度はアップし、逆に3000万円以上の場合は、幸福度が下降傾向になるということです。

したがって、**あなたにとっての幸せ、家族にとっての幸せをある程度、明確にしておく必要があります。**

一方、今の年収に満足しておらず、年収1000万円を目指したい方は、第2章でお話しした時間を作る方法が参考になれば幸いです。


あなたはこれまで、一度は所属している会社に不満を持ったことはあると思います。

・給料が少ない。休みが少ない
・成長している実感が乏しい。社会に貢献している実感が薄い
・社風や上司との人間関係が苦しい
・仕事を一生懸命しているのに、評価されていない印象を受ける

会社への不満には、本当は複合的な理由があります。しかし私たちは、目に見える

こと（給料・休暇等）に意識を向けがちです。

会社での満足度が様々なファクターで形成されているように、**人間の幸せも様々な要素から形成されています。**これまで私自身もコーチングを提供する中で、アドラー心理学における幸福の条件なども勉強してきましたが、それらの中から一番オススメの内容をお届けします。

4-4

現代の幸福の3条件と、4つの心の状態

慶應大学SDMのシステムデザイン研究家の前野隆司教授によると、幸福には3条件があると言います。

- **良好な環境（安全）**
- **良好な身体の状態（健康）**
- **良好な心の状態**

ここでは良好な心の状態についてお伝えします。私は前野教授の講義を拝聴したことがありますが、4つの条件があるそうです。

①自己実現と成長「やってみよう因子」

夢・目標・自分の強みを持ち、夢や目標を達成しようと努力する。

②つながりと感謝「ありがとう因子」

多様な人とつながり、感謝する。

③前向きと楽観「何とかなる因子」

物事を前向きに、また楽観的にとらえる。

④独立とマイペース「あなたらしく因子」

自分らしく、他の人に左右されずに、マイペースで生きる。

もし、これらのファクターがそろっていればどうでしょうか？

もし年収が少ないと、本当は住みたい環境に住めない、子供に教育費をかけられない、健康よりもコストを重視して食べ物を選ぶ、などの事態が起こり得ます。

逆に、年収が３００万円以上あって、最高の住まいがあったとしても、大病を患ってしまったり、家族や大切な人との精神的なつながりを感じられず孤独だったりすると、幸福度は大きく下がるはずです。

他にも、あなたがどれだけ高収入でも、財布の紐をパートナーに握られていて毎月のお小遣いが決まっていると、嬉しいと思う人は多くはないはずです。独立とマイペースの度合いが少し下がるからです。

また、優秀であればあるほど、お金以外のことを人生で求める傾向があります。**ある程度金銭的に満たされていれば、仕事における自己成長や、やり甲斐などを求める**のです。その場合、パートナーや子供も、お金以外の別の因子で幸福が決定づけられることが多いと思います。

そして人間は、満たされていないと、どんな素晴らしい人でも不適切な行動をする可能性があります。

あなたにとっての幸せとは一体どういう状態でしょうか？ また、パートナーや子供にとっての幸せとはどういう状況でしょうか？

4-5

ライフチャートで家族の幸せ状態を把握する

家族の幸せ状態を把握するために、ライフチャートというチャートを使ってみることもオススメします。

これは、私がコーチングスクールで学んだ内容を少しアレンジしたものですが、人間にとっての幸せが包括的に含まれていると思います。

❶まず、10点満点で各項目、点数をつけてみる

ご自身の主観で結構なので、各項目の満たされ具合を点数にしましょう。仮に年収が500万円でも、本人が大満足なら10点、年収が2000万円でも、お金の面で不満であれば2点というように、主観でつけていきます。

自分の人生を
次の8つの分野からみて、
今現在の満足度を0~10点の
あいだで示してください。

記入例

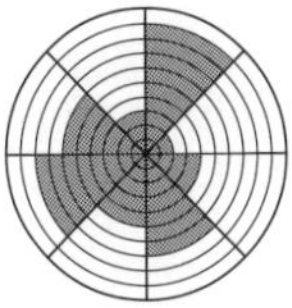

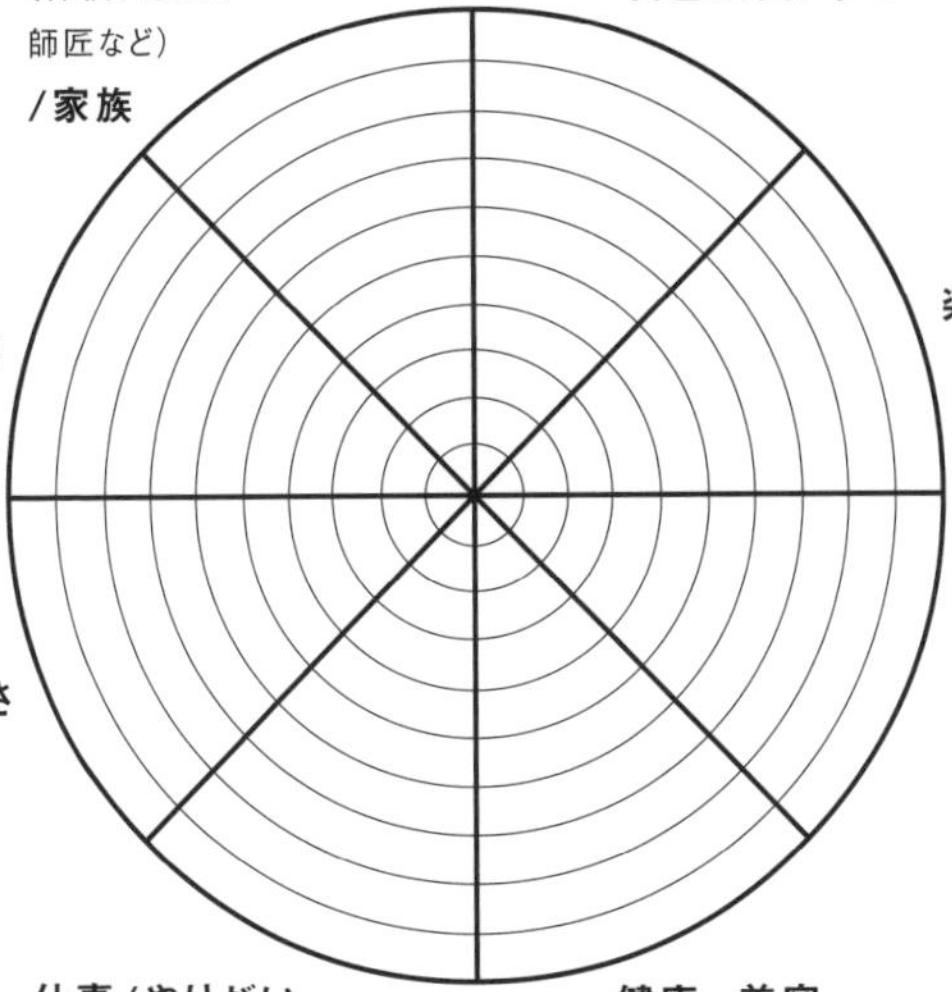

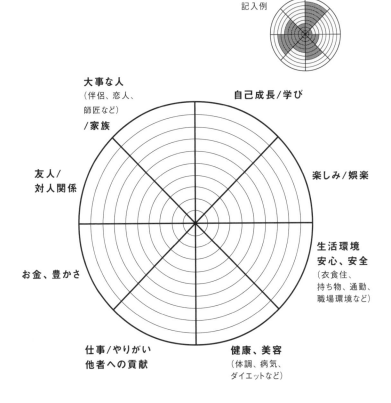

❷満足している分野は？

最初に、上手くいっている分野に焦点を当てると、仮に今の生活があまり満たされていなくても、何かしら満足している分野が見つかって、少し良い気持ちになるかもしれません。

❸不満足な分野は？

ここは本音で構いません。不満に思うところを見つけてください。仕事のやり甲斐が少し低い、住んでいる家があまり好きではない、体調が変化してストレスがある、などです。大事なのは、今の自分自身の状態に気づくことです。

❹改善したいと思う分野は？

❸と同じかもしれませんが、不満足な分野を良くするために、改善したい分野が別にある場合もあります。例えば、住んでいる家があまり好きではなくて引っ越しを希望している場合、もしかしたら年収アップが改善したい分野になるかもしれません。

仕事ややり甲斐が不満足だとしても、実際は自己成長が鍵を握ることもあります。改めて、改善したい分野はどこでしょうか?

❺夫婦で感想をシェアしてみる

最初はあなた1人でも大丈夫です。できれば、パートナーとも感想を話し合ってみましょう。話し合う中で、夫婦で改善点を見つけたり、より幸せを実感するために上手くいっていることを更に伸ばしたりできれば、素晴らしいです。

このライフチャートの目的は2つです。

❶まずは、自分自身の幸せを把握する

あなた自身の幸福度が低い状態で仕事や生活をしていると、おそらく、頑張っていない人を見るとイライラし、怒りが湧いてきます。職場であれば上司の機嫌が良い方が仕事しやすいですし、家庭であれば家族の状態が良い方が幸せになります。

また、親や子供に突発的なことがあった場合にも、自分自身が心身ともに良い状態

の方が、上手に関わることができます。自分の状態が良くないときに他者を手助けするのは、多くの人にとって困難です。

❷パートナーの幸せの状態を知る

私たちも自分自身の幸せを理解できていないように、もしかしたらパートナーも自分の幸せに気がついていない可能性があります。相手の幸せが何かを知らずに家族と過ごしていても、すれ違いが起きる可能性があります。

特に男性陣はビジョンや大きな目標を掲げることが多いですが、女性の多くは大きな目標にあまり興味はありません。どちらかというと、日々の幸せや充実感を大事にしていることが多いです。

家族のために、過度な自己犠牲はしなくていいのです。

そして、パートナーの幸せを理解するために、先ほどのライフチャートをコピーして、夫婦で取り組まれることをオススメします。

4-6

2週間に1回、15分でもOK 家族ミーティング

日々何の努力もしないと、夫婦はすれ違っていきます。会社では1on1などのミーティングがあるかと思います。あなたは大切なパートナーとどの程度、本音で話し合っているでしょうか？　私がオススメするのが、夫婦ミーティングです。

週に1回or2週間に1回程度、夫婦で15分くらいミーティングをすると良いと思います。扱う内容としては、次のようなことが良いでしょう。

- **近況**
- **良かったこと**
- **今の考えや気持ち**

（・決めるべきタスクなど）

私はこの振り返りを、結婚してから12年、継続して行っています。時には、お金のことや細かなことで意見の食い違いや口論は起こりますが、大きな効果があるのを実感しています。

家族ミーティングの全体像

ステップ⓿：セットアップ

なるべく落ち着ける時間帯や場所で夫婦で座りましょう。初めての場合は、ミーティングの目的を伝えます。

「せっかく結婚したんだし、○○ちゃん（さん）とは、ずっと良い関係を築きたいと思っている。そのために、日々の出来事を共有したり、お互いの本音を話したりする時間をちょっと持てたらと思うんだ（僕も、○○ちゃんのことは、知りたいと思っているし）。

1回15分くらいで、夫婦の振り返り会というのやってみない？　お茶を飲んだり、お菓子を食べたりしながらでも出来るから！」

＊固くなる必要はありません。仲の良い友達と飲み会をするような、リラックスする感覚で臨みましょう。

ステップ❶：お互いの近況

この数週間の出来事などを話してみましょう。話をスタートする前に、1分間くらい目を瞑るか、最近のことを思い出す時間をとると良いでしょう。

「じゃあ、まず最初にお互いの近況を話してみよう。1分くらい（時間は任意）、少し何があったか思い出してみて。話したい方から話してみよう」

＊時間は厳密でなくても構いません。1人1分〜3分くらいで良いかと思います。たまに話し出すと長い方もいますが、その場合は笑顔で聞いたあとに、「そろそろ、僕も話

していいかな?」と切り出すか、聞いているフリでも大丈夫です。もし、あまりに長すぎる場合は、タイマーをセットして鳴らすと良いでしょう。

＊ある程度、愚痴が出てきても問題ありません。むしろ本音で話せている証拠です。抱えていたストレスも発散できるので、良いでしょう。

＊どちらかが話し終えたら、笑顔で拍手すると気持ち良いです。信じられないかもしれませんが、多くの女性は自分のことを話して共有できるだけで、ストレスが減り、あなたへの信頼度が上がります！こういう日々のコミュニケーションが大事なのです。

ステップ❷：良かったことや、今の気持ち

心理的安全性があってこそ、組織も家族もパフォーマンスを発揮できますし、心のつながりも発生します。

ここで終わってもＯＫです。段々と慣れてきたら、ここから家族で相談したいことや、決めるべきことを話し合いましょう（事務的に必要なことも含みます）。

話し合うテーマの候補

□休暇など　　　・休日をどう過ごすか？　・長期休暇は、どこに行きたいか？
□中長期的なこと　・将来、副業したい　・転職したい　・引っ越ししたいなど
□直近のこと　　・今月の出張予定　・家事や育児に関して　・お金のこと
□人間関係のこと　・両親のこと　・夫婦で違和感があったことの解消

恥ずかしいと思うかもしれませんが、本音をあまり話せない夫婦関係を、そのまま放置しておくとどうなるでしょうか？

また、こういう夫婦のマネジメントは面倒で、どちらかが一方的に仕切って進めた方が早いと思う方もいらっしゃると思います。実際に短期的な視点で見れば、夫婦の中でも上下関係を作って決めた方が早いです。

ただこの夫婦の間の上下関係は、何かのキッカケでパワーバランスが変化したとき、それまでずっと我慢していた人が、溜めていた不満を爆発させる可能性があります。

家族ミーティングでのポイント

・なるべく否定せずに肯定する

話を聞くときは、「それはダメ」「それはNO！」といった考えが浮かんできても、いったん、あなたの内側でとどめてほしいのです。否定から入ると、相手はどんどん心を閉ざしていきます。あなたも、一度は職場で上司から「何でも言っていいからな！」と言われて意見したら、即座に否定されて嫌な思いをしたことがあるはずです。例えば、パートナーが「最近、疲れていて……」と言った場合。いきなり「元気出しなよ～」と言うのではなく、「最近、疲れているんだね」といったん、肯定することが大事です。

・アドバイスはあまりせず、許可をもらってからアドバイスをする

また、「最近、疲れていて……」と言われたときに、「疲れているときは、～～～したらいいよ！」といきなりアドバイスをするのも、危険です。多くの場合、女性はア

ドバイスを求めていません。ただ話を聞いてほしいと思っています。いきなりアドバイスをしたり解決策を提示したりするのは、男性同士のグループやビジネスの場では有効ですが、プライベートにおいて、特に女性相手にはオススメしません。

・ミーティング自体に対して、楽しい・快の感情と結びつける

人間の脳の構造として、快を求めて、不快を避ける習性があります。せっかく夫婦で話し合ったとしても、不快な時間であれば続けたいと思わなくなります。なるべく楽しい時間になるようにしましょう。例えば、どちらかが発言したら笑顔で聞く、発言が終わったら小さく拍手する、などです。好きな飲み物やお菓子を飲んだり食べたりしながら話すのもよいでしょう。

日々の生活で我慢や不満が溜まって感情が爆発すると、関係修復が難しくなります。小さな違和感があった場合、なるべく早く緩和するのが良いでしょう。

また、お互いの成功体験や日々の幸せなことを共有できる関係性が築けると、素晴らしいと思います。

戦略 5

女性心理とコミュニケーションをマスターする

5-1

妻との関係が良いと、職場の女性との関係も良好に

妻と良い関係が築けていると、子供が生まれたとき、あなたと子供との関係も良くなります。一方、妻との関係が良くないと、妻は子供の前であなたの愚痴を言う可能性が上がります。

会社で女性スタッフと良い関係を築けていると、あなたは仕事がとてもスムーズに進みます。一方、会社で女性スタッフとの関係に悩んでいると、女性スタッフの間に、あなたの悪い噂が広まっていきかねません。

さて、孫子の兵法からの抜粋ですが、

彼を知り己を知れば、百戦危からず。
彼を知らずして己を知れば、一勝一負す。
彼を知らず己を知らざれば、戦う毎に必ず危うし。

という言葉があります。わかりやすくお伝えすると、

相手を知って自分を知れば、百回戦っても危なくはない。
相手を知らず、自分を知れば、1回勝つが1回は負ける。
相手を知らず、自分も知らなければ、戦うたびに必ず危険に陥る。

という意味になります。家庭は戦争ではないですが、**パートナーのことや女性のことを知るのは、とても大事なこと**です。
ざっくりとでも良いので、女性のことを理解できていると、家の中での関係も、職

場での関係性も非常に良くなります。

私は、今でこそ女性向けに婚活コーチングを提供していますが、元々は男子校出身で、女性の心理や気持ちを全く理解していませんでした。

大学3年生のときに、所属しているゼミで課題に向けてのミーティングがありました。そこで私は女性陣から一発で嫌われる行動をしたことがあります。

それは、国際関係のゼミで、女性が6割、男性が4割くらいの比率でした。

ゼミに合流するまで、私は男子校出身の上に、1年間カナダへ留学をしていました。カナダでは論文を書く際にも、結論を先に書かないと評価が低くなるので、論理的思考が強い時期でした。

集合時間の15時に集まるものの、同級生の女性たちはお菓子を食べながらおしゃべりしています。決まった時間になっても、ミーティングは始まらないように見えました。当時の私は、この様子にイライラしていました。

「みんな、もう時間になったんだから、お菓子を食べるのはストップしよう。早く、議題にとりかかろう」。

私は少し急かすように、同級生の女性たちに言いました。

その瞬間、一気に女性陣が発する空気が変わったのを感じました。「楽しく話しているのに、なんだこいつは？」というオーラや、無言の圧力を感じました。しまったと思ったものの、後の祭り。私はゼミの中で村八分になりかけてしまいました。

私は女性の心理を全く理解しておらず、地雷を踏んでしまったのです。

もう少し具体的に書くと、私の行動の問題点は、次の2つでした。

・女性に全く共感をしていないこと
・正論で話をして、すぐに問題解決を図ったこと

共感が大事だというのは、誰でも一度は聞いたことがあると思います。そして、男性同士では大事とされている、すぐに行動することが、曲者なのです。女性は、最終的には解決を望んではいますが、**その前に、自分自身の気持ちや考えを聞いてほしいというケースが大半**です。

基本的に男性同士だと、このような形態であれば、グループは運営できます。

・上下関係が明確
・指揮系統が明確
・感情を交えずに、短く結論ファースト

しかし、これを女性との人間関係に持ち込むと、多くの人は嫌われます。8割以上の女性は、次のような形態で動いています。

・上下関係ではなく、横の関係性
・指揮系統よりも、好感を持つ人の話は聞くが、好感度が低い人の話は聞きたくない

・結論ファーストより、話を聞いて共感・共有

また、当時はギリギリのところで回復できましたが、女性は多くの場合、ある人をいったん嫌いになれば、修復はほぼ100%不可能です。

ちなみに、孫子の兵法には続きがあります。

是の故に、百戦百勝は、善の善なる者に非ざるなり。
戦わずして人の兵を屈するは、善の善なる者なり。

百回戦って、百回勝つことは、最善ではない。
戦わずに相手が降参してくるのが、最善である。

戦争に関する表現で恐縮なのですが、**戦わずにお互いが協力できるのが最善**です。
また、相手を自分の思い通りに操作しようと思うこともあるでしょうが、行き過ぎると、思い通りにいかない相手に対してイライラして、苦しくなることが大半です。

ちなみに、大学生のときの私は大いに反省し、ゼミのＢＢＱ大会の幹事を名乗り出て、親睦を深めるＢＢＱ大会を開きました。そのときに、影響力を持った同級生の女性から、「蔵本、最初はどうなることかと思ったけど、まぁ、ＢＢＱ開いてくれて、そのあたりくらいから、ゼミに溶け込んだよね～」と、後日言われたのを覚えています。

今、本書を読まれている方で、「そりゃそうだよね！」と思われる方は多いと思います。ところが、実際の家庭生活では、似たようなことが起きています。

「とりあえず、家事を手伝えばいいんだよね。俺は大丈夫。皿は洗ったし、ゴミ捨てもしているから」と、**タスクを完了させることに意識が向いていると危険信号**です。できていると勘違いしている上に、何が不満かを男性に論理的に伝えてくれる女性は稀だからです。ほとんどの場合、パートナーは何かしらの不満を持っていると思います。

5-2

妻や女性と接する上で大事なこと

多くの女性が、お付き合いしている彼氏が浮気していたら、激怒するか落ち込むように、異性の一番汚い部分が見えると、基本的には幻滅します。同じように、**私たち男性も、女性に対して幻想を抱いている部分があります。**だから、最初から異性の一般的なダークな部分を理解していれば、何かがあっても心のダメージは最小化されます。

そこで、多くの男性が知っておいた方がよいと思う内容を3つ紹介します。

❶子供が生まれたら、あなたではなく子供が一番になる

結婚前や出産前は、パートナーにとって、あなたが一番だと思います。しかし、この優先順位は、女性の中で出産とともに変わります。

私は講座や個人コンサルで、人生の願望トップ5を見つけるというワークを行っていますが、驚いたことがありました。

結婚されている男性に提供すると、子供がいても、妻との幸せな関係がトップ5に入り、仕事より妻が大事だと考える方が8割ほどいらっしゃいました。

一方、女性の場合、結婚前は彼氏や夫との関係性が上位にくるのですが、**子供が生まれると……夫は一気に人生の願望トップ5から外れます。**かわりに、子供が大切なトップ5に入ります。

よく、子供が生まれてから、「妻が少し冷たくなった」「愛情が子供へ向かってしまった」という話を聞きますが……どうしようもできません！

もう、生物的にそういうメカニズムになっています。

大きな視点で見ると、多くの場合、女性は出産したら、一番好きな人が夫から子供へと変わります。また、男性が、本能的には他の女性も素敵に見えるのは、お互いに好きな人が変化しているということなのです。

しかし、この本能を否定すればするほど、人生は苦しくなります。したがって、こういうものだと受け入れた方が生きやすいですし、欲求をコントロールできます。

❷権力やパワーがない男性には、基本的に興味がない

特に職場においては、男性は上下関係で動きますが、女性は少しニュアンスが違っています。名前ばかりの役ではなく、誰が本当にパワーを持っているかを見て動きます。基本的に、**一番パワーを持っている人から好かれようとする場合が多い**のです。そこに、多くの男性が持っているような、義理や人情、過去の恩などは、ないと思うくらいが丁度いいです。

だから、パートナーや会社の女性スタッフは、ある程度はあなたが活躍している方が、あなたの話を聞いてくれます。パワーを持っていない人だと、表面上は話を聞いていても、話を聞き流しています。

もし、あなたが今、職場で権限がない状態であれば、例えば、「目の前のことに一生懸命に取り組む」「仕事以外に、やりたいことを見つけて一生懸命に取り組む」ことでも大丈夫です。あなたが、瞬間瞬間を一生懸命に生きていれば、必ず誰かに伝わります。

❸優しくしてほしいけど、女性に合わせてばかりの男性もダメ

私たち男性が多くの場合、美しい女性に魅力を感じるように、**女性の多くは男性に、力強さと優しさを求めています。**そして、男性が優しすぎると、前者の力強さを感じられなくなります。

・相手に合わせすぎず、自分らしくいる（女性に媚びない）
・ダメなことは、ちゃんと女性にもダメと言える

時には、ハッキリと女性に意見を言える態度も大事です。

❹群れと違うことをすると、仲間外れにしたり、周りに告げ口したりする人もいる

男性は上下関係がしっくりきますが、**女性は横の関係や仲間を作り、皆と同じだと安心する傾向が男性より強い**です。

したがって、男性は上下関係の枠からはみ出ると煙たがられますが、女性の場合は、周りと違うことをすると煙たがられます。

基本的に、人間関係は信頼するけれども、過度に期待せず、人間の綺麗な部分と、逆の部分を理解すると、勝手に裏切られたと思うことが減ります！

そして、最後に伝えたいことはここです。

・子供が生まれても、夫を大事にしてくれる女性
・男性が弱っているときでも、精神的にサポートしてくれる女性
・男性に対して、パワー・権力・お金だけを求めるのではなく、エゴをコントロールできる女性

・周りの圧力に流されずに、相手を否定せずに、自分らしく生きられる女性

このどれかに当てはまる女性は、そう簡単には存在しないので、男性はもし一緒に生活していたら、絶対に大事にした方がいいです。

なぜ、家庭円満だと、女性スタッフからの評判も上がるのか？

男性には理解しにくいことかもしれないのですが、**あなたが妻を大事にしている様子が周りに伝わると、それだけで周りの女性スタッフからのあなたの評価が上がります。**それは、世の中の男性の成功者は、一定の割合で不倫をしているのを知っているので、妻と仲が良いだけで評価が上がるのです。仕事も家庭も両方とも大事にしていて、人として素晴らしいという印象になります。

逆に、男性同士の会話では、よく妻との間の失敗話や愚痴を共通のネタとして盛り上がることがあると思います。男性同士の会話ではセーフですが、**女性スタッフの前**

で妻の愚痴を言うのは、あなたが損をするだけです。聞いている女性の方は、表面では「大変ですね～」と共感してくれるかもしれませんが、心の奥底では、「奥さんの悪口を言って、結局、大したことない男性。

女心を全くわかっていない人だなぁ。そりゃ奥さんから嫌われるよ」と思っています。下手すると、その情報が女性同士の間であっという間に広まります。

ほとんどの女性が、結婚する時点で、相手のことを優れた男性だと思い、結婚しています。そして、夫にとっての特別な女性でいたい、自分のことを特別扱いしてほしいと思っています。それなのに、**目の前の男性は特別扱いどころか、人前で妻の愚痴を言っているとなると、二重三重に評価が下がる**のです。

逆に、あなたが妻に感謝していることや、妻の素晴らしいところを話したり、仲が良い様子が伝わったりするだけで、あなたへの信頼度が上がります。

5-3

最速で女性心理がわかる方法

もし、私の本だけでは疑問があるようでしたら、オススメがあります。**マンガを読んでほしいのです。女性向けのマンガを読むと、女性心理がわかってきます。**

どういうことか？　そう、大ヒットしているマンガは、全て読者の心を掴んでいます。人気がない漫画は、すぐに連載が打ち切られますが、大ヒットマンガは、長年にわたって多くの方の支持を得ています。

例えば、男性向けにヒットしたマンガの歴代発行部数ランキングは、次の通りです。

1・ONE PIECE　１０２巻時点　４億９０００万部
2・ドラゴンボール　全42巻　２億６０００万部

3・NARUTO　全72巻　2億5000万部
4・名探偵コナン　101巻時点　2億5000万部
5・こちら葛飾区亀有公園前派出所　全200巻　1億5650万部
（6・鬼滅の刃　全23巻　1億5000万部）

多少の好みの違いはありますが、ほとんどの男性は、1回は読んだことがあると思います。冒険物や、強敵を倒すストーリーなどは鉄板です。これは、**マンガのストーリーや登場人物に共感や憧れの気持ちを持つから**です。共感や憧れが全くなければ、読んでいても面白いとは思わないでしょう。

では、女性向けのマンガは、どのようなものが人気なのでしょうか？

1・花より男子　全37巻　6100万部
2・ガラスの仮面　49巻時点　5000万部
3・NANA－ナナ－　全21巻　4300万部

4・王家の紋章　66巻時点　4000万部
5・のだめカンタービレ　全25巻　3700万部
（歴代少年マンガ／少女マンガ　発行部数ランキングより）

おそらく、これらのマンガを真剣に読んだ男性は少ないはずです。そして、冒険物や、強敵を倒すストーリーは、ほぼ見当たりません。

ちなみに、私は子供の頃に妹がNANAを持っていたので、少し読んだことがありますが、全く面白いとは思えませんでした。ちびまる子ちゃんは面白いと思いましたが、戦い物のセーラームーンもあまりピンと来ませんでした。

そして、今の仕事を始めてから女性心理を理解しようとして、花より男子を読んでみました。しかしながら、やはり何が面白いのかが全くわからないのです。


しかし、こう考えるようにしました。

このマンガは、全然面白いと感じない。しかし、事実ベースとして、女性向けのマンガでは歴代1位の人気を誇っている。ということは、必ずこのマンガの中には、多くの女性が共感し興味を持つところが含まれている！ 真剣に研究してみよう。大発見があるはずだ、と。

女性の人気マンガを読んでみて、あなたが何も面白いと感じなければ、それだけあなたは女性の心理を理解していないと断言できます。逆に、何もわからないからこそ、理解しようと努めることで、特大の伸び代があります。

ちなみに、男性マンガと女性マンガの特徴を書いていきます。

響くストーリー：男性は修行して最強、女性は魔法で幸せに

●男性マンガ

主人公が**修行を乗り越え、レベルアップして強敵を倒す**というものが多いです。また、ライバルに負けるのが最大の屈辱であり、1回負けても厳しい修行をして、ヒロ

インの女性が支えてくれて、最後には強敵を倒すというストーリーが多いです。

◉女性マンガ

基本的に、**厳しい修行は存在しません。**ドラゴンボールで言う、精神と時の部屋のような、強敵を倒すための修行はありません。大体、困ったときには、ハイスペックな男性や魔法使いが助けに来ます！ランキングにはないですが、セーラームーンというマンガは、ヒロインたちが困ったときには、さっそうとタキシード仮面が助けに来ていました。

また、童話のシンデレラも、魔法使いが現れて、一瞬でドレスアップして別人に変化します。繰り返し書きますが、**苦しさを乗り越えるのではなく、誰かが救ってくれるケースがほとんど**です。

基本的に、これは大人になっても同じです。私たち男性は、少し苦しい筋トレやランニングを乗り越えて成長することにあまり抵抗がありません。一方、女性の場合、お化粧のように、一瞬で変化する魔法に関心がある場合が多いです。

つまり、家庭でも会社でも、私たち男性が憧れてきたように、厳しい局面を乗り越えて成長するというのは、一部の女性にしか通用しないと思った方がいいでしょう。

一番の屈辱：男性はライバルに負けること、女性は1人ぼっちで孤立すること

●男性マンガ

ライバルに負けること、もしくは強敵に最愛の女性を奪われることが屈辱として描かれています。ここに関しては説明は不要だと思いますが、多くの男性は、何かしらの分野で相手より優れていたい、何かしらの分野でNo・1になりたいと願っています。そして、戦った後に1人で肉体と精神を落ちつける孤独な時間も必要とします。

●女性マンガ

女性マンガの場合、**最強には興味がない**です。本屋さんに足を運んでも、男性向けに、「最強の〜〜〜」という本はありますが、女性向けに、「最強メソッド〜〜〜」と

謳った本などは、ほとんど見かけないと思います。

そして、マンガでは**「仲間はずれにされる」「集団から孤立して、いじめられる」ことが最大のピンチ**として描かれています。花より男子では、中流階級の家に生まれたヒロインが、お金持ちが多い学校へ転校します。そこで、クラスの中で嫌われてしまい、全員から無視されるシーンがあります。

ちなみに、あなたは小学生くらいの頃、「どうして女性はトイレに行くのに誘い合っているのか?」と思ったことはないでしょうか? 多くの女性には、ああやって、仲間を作る習性がありますし、トイレに一緒に行く友達がいないわけではない、というプライドを満たしているのかもしれません。

そういえば、中高一貫の女子校に通っていた知り合いの女性が、中学でこんなことがあったそうです。

彼女は友達に誘われて、学校の休憩時間にトイレに行った。すると、その友達が嫌いな他のクラスメートの筆記用具をひっそりと持ち込み、トイレで一緒に流そうと誘ってきた……

女性のネガティブな部分に目を向けると、

・相手を疑心暗鬼にするために、犯人がわからない形で意地悪をする
・誰かに嫌がらせをする場合にも、周りの友達を引き込み、仲間を作る

という、男性には想像もつかないことが起きます。

また、コソコソとすることによって、先生（特に男性）は、そのことに気づきません。会社で言うと、**権力を持った上司に気づかれずに嫌がらせができる**のです。

真に仕事ができる男性になるためは、この**女性の綺麗な側面と、（ズル）賢い側面**

の両方を知っていることが大事です。知っていないと、パートナーとの関係だけでなく、部下やグループに女性が増えたときに、チーム力を最大化できないからです。

童話のシンデレラでは、義理の母や姉から仲間はずれにされていじめられます。

だから、男性的な価値観で、

・困難があったら、頑張ってそれを乗り越えるんだ！
・俺は仕事をするから、育児や家事は、あなたが1人で頑張ってね！

というスタンスで接するのは、最悪です。そして、妻が妊娠中や育児中に不倫をしてバレたとしたら。それは一生のみならず、死んでも恨まれるくらいのことです。

困ったときには修行ではなく、助けてくれる人を求めている。また、男性はNo・1で1人の時間も大事ですが、女性は孤立することや周りから違う存在でいることに恐怖を感じています。だから、女性同士の場合は、自立している女性が同性から人気なのです。

自己実現：男性は英雄に、女性は新しい世界に憧れる

●男性マンガ

強敵を倒した後は、世界が平和になり、地域社会に還元していくように描かれています。男性にとっては、**ライバルを倒して世界が平和になり、英雄として育った故郷に凱旋するのが夢**なのです。

●女性マンガ

基本的に、**ハイスペックな男性と結ばれ、皆に祝福されることがハッピーエンド**として描かれています。また、ハッピーエンドで新しい世界にいくことが幸せで、新しい世界にいった後は、前の世界に未練はありません。これまでの自分や、古い世界のしきたりから自由になった後は、前の世界に還元するなどのシーンはありません。

多くの女性にとっては、ライバルを倒しての世界平和には興味がないです。それよりは、家の中の平和に関心があります。そして、集団の目や社会のしきたり、親の教えなど、**自分自身に制限をかけてきた考え方から自由になり、新しい世界で幸せに過ごすことが大事**なのです。前の世界から勇気をもって卒業して、新しい世界で幸せに過ごすことに憧れがあります。

童話のシンデレラも、義理の母や姉妹による束縛の世界から離れ、王子様と結婚して暮らすことがハッピーエンドになっています。だから、長年連れ添った夫婦でも、離婚したとき、

「勇気をもって、離婚できました。ここから新しい自分を生きます！」

というようなメッセージをSNSに書き込んだりしますが、このような生き方に女性陣は本能的に共鳴します。

前の夫への感謝というよりは、新しい世界を生きることが大事なのです。前の夫は、古い世界で自分を縛っていた、邪魔な物や人の扱いになります。

こう書くと、一定の割合で男性は女性に対して恐れを抱くかもしれません。

「俺も下手すると、女性から捨てられてしまう可能性がある」と。

しかし、これはどうしようもできないのです。この違いと恐怖を受け入れた方が現実的です。この違いから目を背けて、なかったことにする方が、人生のリスクは大きいです。


だから、夫婦間のマネジメントは非常に大事なのです！


正直なところ、ビジネススクールに何百万円もの大金をかけるより、マンガ喫茶かアマゾンで女性マンガを読んで、女性の心理を理解する方が、幸せな人間関係には役立ちます。

まだまだ書きたいことがたくさんあるのですが、これ以上は、無料メルマガなどをご覧くださいませ。

5-4

すぐできる、夫婦や人間関係が良くなるポイント

すぐに活用できるコミュニケーションで言うと、ポジティブな言葉とネガティブな言葉の上手くいく黄金比があります。

あなたは仕事を終えて帰宅したとき、もしくは休日、どのようにパートナーに関わってほしいでしょうか？

もし、家に帰るたびに、

「今日も帰ってくるの遅いわね。仕事遅いんじゃないの？」

「また飲んでいたの？　お酒くさいわよ」

と言われる。また、お給料をもらっても、

「はぁ……お給料上がらないね。こんなお給料じゃ、少ないよ」

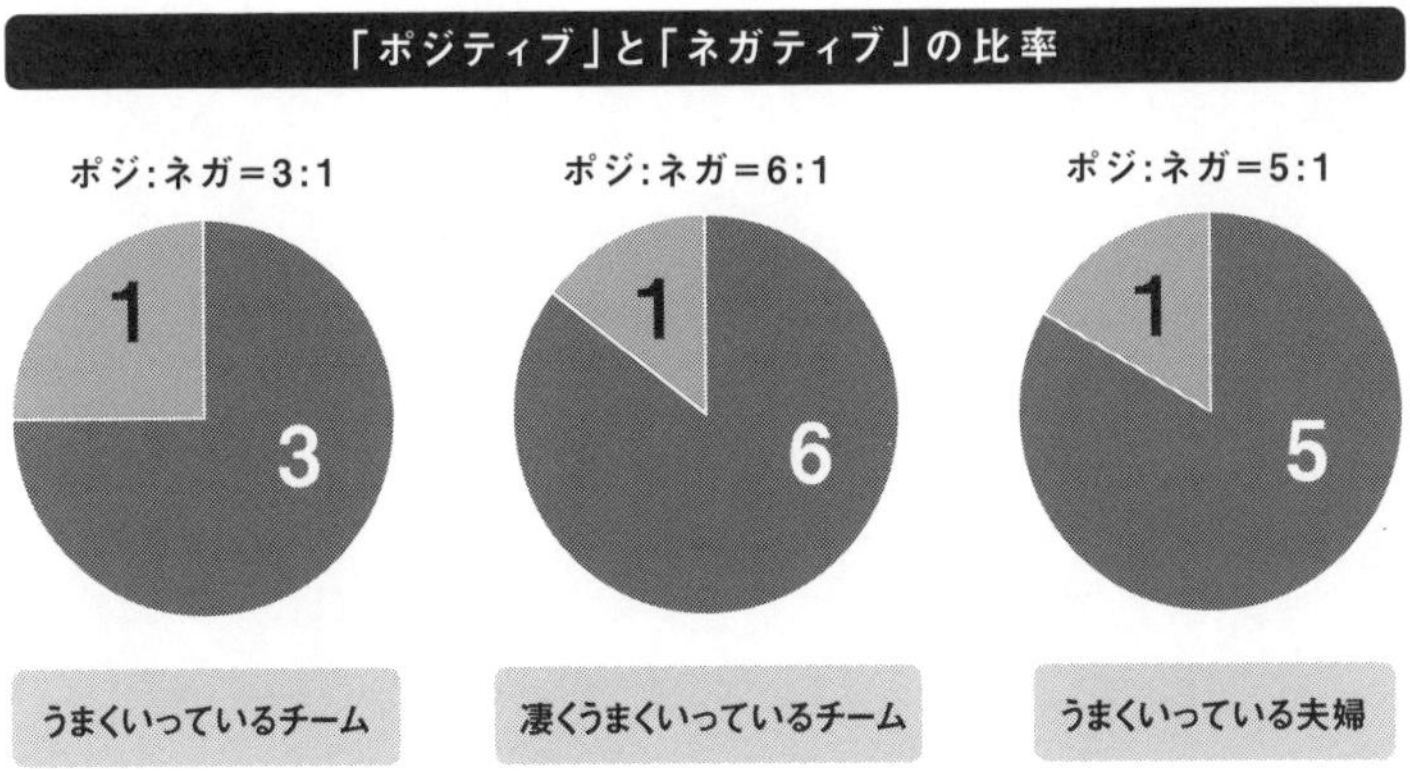

参考：ショーン・エイカー著『幸福優位7つの法則』(徳間書店、2011年)

などと言われたら、どうでしょうか？　多くの人は、気分が滅入るはずです。そして、家の居心地が悪いから、家に帰る時間をわざと遅らせることもありえます。

逆に、家に帰ったときに

「今日もお仕事、お疲れさま。ありがとうね！」

「今、会社の状態でお給料が上がらないかもしれないけど、なんとかやりくりするから大丈夫！」

と言われる方が、やる気は出ないでしょうか？

結果的に**上手くいっている組織や夫婦は、**

日々のコミュニケーションでポジティブな言葉とネガティブな言葉の割合がしっかりしています。

私も含めて多くの男性は、

・大切なパートナーや家族の笑顔が嬉しい。家族の幸せのためなら、多少のきついことも我慢できる

・頑張っている自分も、時に落ち込んでいる自分も認めてほしい

という思いが、根底にあると思います。同時に、多くの場合パートナーも、

・あなたという男性が、何かで活躍してほしい

・妻や家族を大事にして、どんなときも認めてほしい

と思っているのです。

ダメ出しや批判、できていない箇所の指摘が多いと、人間は疲弊していきます。

機械やパソコンが故障した場合は、故障した箇所を特定して、部品を修理・交換することが必要ですが、**人間関係では、ポジティブな言葉：ネガティブな言葉を、3：1、5：1、6：1くらいの割合にすることが必要**です。

相手のできているところ、素敵なところ、感謝しているところ、を伝えましょう。

もちろん、これを相手にする上では、まず自分が自分自身に対してできていることを見つけて認めることが大事です。

そして、時には、ネガティブなことや改善が必要なことも、本音で話し合いましょう。

家族や大切な人間関係は、良い関係を維持する上で、お互いの協力と努力が必要です。小さなことで関係は崩れます。

私自身、24歳のときにコーチングというコミュニケーションを学びましたが、学んでおいて、本当に良かったと思っています。

ここで、コミュニケーションを円滑にするためのポイントを2つお伝えします。

❶スタンス

誰も「自分のことを相手に変えてほしい」とは思っていません。あなた自身も素晴らしい人間であるように、パートナーや子供も素晴らしい人間だと思って接することが、幸せの鍵です。

❷肯定的関心

個人差はありますが、ざっくりと分類すると、男性は仕事・パフォーマンスアップに関心があることが多く、女性は子供に関すること・家のこと・料理に興味がある方が多いです。相手との心のつながりを強くしようとすると、**自分の関心ではなく、相手の関心に興味を持つコミュニケーションが大事**になります。

例えば、私の生まれ育った家族で言うと、私自身は「起業」「自分らしく生きる」

というテーマが好きで、親とは人生を真剣に生きるというテーマで肚をわって話したいなと思っていました。もっと自分のことを聞いてほしいと思っていたのです。

しかし、大人になって発見したのは、皆が違うことに興味と関心を持っていた、ということでした。

父は仕事やゴルフでの活躍を家族で話したかったようですし、母は美味しい物や日常生活での小さなことに興味がありました。

私はこのことにずっと気づかずにいて、「何で両親は自分のことをもっと聞いてくれないのだろう?」と思っていました。

しかし、結婚後、妻が私の父と母の関心がある分野を客観的に教えてくれたお陰で、私は両親との関係が良くなっていきました。妻には本当に感謝しています。

あなた自身が関心のあることは何でしょうか?

また、あなたのパートナーが関心のあることは何でしょうか?

5-5

コミュニケーションの最強の3セット

これまで、恋愛・婚活の仕事で、3000名以上の女性と関わってきましたが、気づいたことがあります。それは、女性とのコミュニケーションで、この3つを押さえておけば、80%以上のことは楽に進むということです。

①共感を示す
②相手の素敵なところを伝える（可能なら、内面のことで）
③今度、～～しようと伝える
×いきなりアドバイスはしない方が、得をします。

解説に入る前に、少し事例を説明させてください。

私は女性の方々の恋愛や婚活をサポートする中で、常々考えていたことがありました。美人だけど恋愛に苦労している女性と、容姿は普通でも恋愛が上手い女性は何が違うのか、ということです。

しかし、彼女たちと話をしたり、普段送られてくるメールの文章を見たりして、明確な違いに気づきました。

まず、異性関係で自爆する確率が高い方は、相手を尊重する前に、自分の欲望や本能が剥き出しになってしまっています。

例えば、会ったばかりの女性から「すぐに結婚してほしいです！」と言われたら、どうでしょうか？

また、付き合ってから毎日のように「他の女性と会わないでね！」というメッセージが来たり、LINEで50行くらいのボリュームで結論がわからないメッセージが来たりしたら、どうでしょうか？（正直なところ、私はこういうことを想像するだけで、心拍数が上がり、少し吐き気を感じるほどです）。そう、ほとんどの人は、面倒くさいと感じて、女性への好感度が下がり、距離を置きたくなるはずです。

・3分話を聞いても、結論や主旨がわからない
・自分だけを愛してほしいと、束縛してくる

これは、男性目線で見て、面倒なだけです。逆に

・話がわかりやすい女性
・余裕をもっていて、他の女性と会っても気にしない女性

には、好感を持ちます。

では、男性が女性にコミュニケーションをする場合はどうすればいいのでしょうか？ それが、先ほどの3つです。

①共感を示す
②相手の素敵なところを伝える（可能なら、内面のことで）
③今度、〜〜しようと伝える

例えば、ある夫婦は、妻が洗濯物を干すので、その日の天気予報に興味がありました。晴れるのか、雨が降るのか、気温は高くなるのか、そうではないのか。

女性が「天気予報で晴れと聞いたのに、今日雨が降ったのよ……」と言ったとします。こういうときに、多くの男性は「天気予報も当たるときと、当たらないときがあるからね。だったら、乾燥機を使うか、浴室乾燥機など考えてみる？」などと言いがちです。

しかし、このように、**いきなり自分の意見や解決策を伝えるのではなく、まずは共感することがオススメ**です。

男性「そうか。晴れと思っていたのに、雨が降ったんだね（そりゃ、ビックリするね）」
女性「そうなのよ。もう、本当にショックで、嫌になっちゃう」

男性「そりゃ、ショックだよね」

かなり簡単に書いていますが、このように**共感して、言葉をオウム返ししていたら、解決していなくても大半は大丈夫**です。

また、ポジティブな話題だと、このようになります。

女性「ねぇねぇ、今日、スーパーでお肉がいつもより安かったの」
男性「へ～、お肉、いつもより安かったんだ！」
女性「そうなのよ。ちょっとラッキーだわ。美味しそうだし食べてみましょう」
男性「あ、このお肉美味しいね！　嬉しいね。得した上に、美味しくていいね！
(いい物を選んできて、素敵だね～)」

こういう会話で大丈夫なのです！

逆にこういうときに、「あそこの～～のお肉も、もっと安くて美味しいよ！」と返事をしたり、無関心な様子で「あ、そうなんだ」と返事したり、「これも美味しいけど、この前に出張先で食べた、〜〜も美味しいよ」というマウンティング的な返事をするのは逆効果です。このような会話の蓄積で段々と夫婦のすれ違いが起きてきます。

・すぐに結論だけで、アドバイスをする
・いつも自分の自慢話ばかり
・相手を承認しない（釣った魚に餌をやらない）

このような姿勢は、男女関係においては本当に損をします。**自分自身の欲をコントロールして、自分で自分のことを満たすことが大事**です。

今回のポイントは、即効性が高い、コミュニケーションスキルです。

あくまでスキルですが、職場や家庭で活用されると、女性からの反応が変化することが多いです。

おわりに

今回、家族関係でパフォーマンスが上がる本を執筆させていただきましたが、実は私自身、子供の頃は生まれた家族が大嫌いでした。

12歳のときに阪神大震災で住んでいた家が全壊し、私は瓦礫に埋もれました。このときに、両親が助けにきてくれるのが遅いと感じたことが理由で、世の中には信用できる人はいないと思い込んでいました。

当時は自分の存在価値を信じられない上に、何の目標もなかったので、スポーツもできない勉強もできない中学生活でした。

また、ミスをすると先生や親から叱られていたので、ストレスからか、ドモリや吃音も発症するようになりました。

しかし、人生の恩人の方々のお陰で、ミスしても大丈夫な環境で、人生で初めて自分の内側から目標を見つけることができ、カナダ留学や地球一周クルーズの通訳など、人生が思わぬ方向へ開けていきました。
そして、誰もが自分の内側からやりたいことを見つけて人生が変化し、誰もが安心安全な場で自分の存在を認めてもらって挑戦できるサポートがしたいと思い、コーチングを勉強しました。

多くの人が持っている能力や魅力を発揮する世の中へと思いましたが、ここからが真の試練でした。

12年前の2011年に結婚したときは、会社を退職したばかりで仕事もほとんどなく、年商は100万円ほどで金銭的にも非常に苦しい時期でした。
妻の協力でビジネスモデルが改善したこともありますが、家族のお陰で奮起できました。

お金に苦労していた時期は、300円のコーヒーを本当は飲みたいけれど、1杯190円のコーヒーで我慢をしていました。この100円強の節約を続ければ、毎月で3000円はお金が貯まり、子供たちのために少しでも回せると思っていました。

そして、子供に、「人生で好きなことに挑戦していいからね」と伝えようと思っていました。

しかし、自分自身がコーチングの師匠のセッションを受けたときに、この自分の生き方は大切な家族へ嘘をついていると気づきました。

なぜなら、子供には好きなことに挑戦していいと伝えながらも、父である私は、あまり好きでも得意でもない仕事を毎日続けている。本当は300円のコーヒーを飲みたいけれど、我慢している。

そう、やりたいことを何一つしていない未来が待っていました。

そのときに、真剣に自分自身の人生を変化させると決めました。

子供には、父である私が妥協した毎日を送る姿ではなく、一度でもいいから、真剣にチャレンジした姿を見せることが大事。

成功すれば一番いいが、大事なことは成功するか否かよりも、真剣に挑戦した姿を見せて子供に語れることだと、生き方が変化しました。

両親から頂いた命ですが、私自身は、妻や子供たちがいなかったら、全く違う人生になっていました。

家族関係や、夫婦関係というのは、誰しも一度は真剣に悩むテーマだと思います。しかしながら、自分の内面と向き合いながら、1つ1つクリアーすることで、大きな飛躍があります。

本書で書かせていただいた、「心理的安全性」「信頼や勇気づけ」「減らすことで生産性と幸せが両立できる考え方」「女性心理やコミュニケーション」のどれか1つでも、あなたの人生に役立てば、心より幸いです。

人は1年でできることを過大評価し、10年でできることを過小評価するという言葉を師匠の1人から教わりました。私自身、これからの時代、幸せと成功を両立させるリーダーを1000人輩出していきます。

最後に、妻をはじめ子供たちや、両親や妹、そしてこれまでの人生で関わってくださった皆様に心から感謝を申し上げます。

また、ぱる出版の皆様もご協力、誠にありがとうございました。

藏本雄一

本書を読まれて、
さらにパフォーマンスをアップさせたい方へ

最後まで本書をお読みいただきまして、まことにありがとうございます。
本書に関連する下記の内容をより詳しく知りたい方へ、無料メルマガをご用意いたしました。

・なぜ、頑張らない方が、幸せに成功するのか?

・人生を辛くする3つの頑張りから自由になるには?

・真のパフォーマンスを発揮する2つのポイントとは?

ご登録の方には、本編でご紹介した
ライフチャートのPDFもプレゼント!

詳細は、こちらからアクセスくださいませ。→

一般社団法人HARMONIES ホームページ
https://corp.harmonies.jp/

藏本 雄一（くらもと・ゆういち）

一般社団法人HARMONIES 代表理事／ベストパートナー引き寄せコーチ（30代～40代が選ぶ婚活コーチング顧客満足度No.1 ゼネラルリサーチ社のアンケートより）
1982年生まれ。兵庫県出身。関西学院大学総合政策学部卒業。会社員を経て起業するも、結婚当初の29歳は年商100万円に借金生活。妻や家族の力で人生に変化が起き、婚活コーチングとコーチ養成講座で年商7000万円・累計2億円突破。
誰もが自分らしく、最高のパートナーと結ばれ、好きな仕事で豊かに喜ばれる世界を創ることを目標に、個人コンサルは3000回以上、講座生は1200名以上にのぼる。仕事を通じて、女性心理への理解も深まり、現在は、新しい時代のリーダー養成や組織コンサルティングも提供。また、YouTube登録者数1万名、メールマガジン18000名に情報を配信している。

仕事《しごと》のパフォーマンスを最大化《さいだいか》する
戦略《せんりゃく》としての家庭《かてい》マネジメント

2023年2月7日　初版発行

著者　藏本雄一
発行者　和田智明
発行所　株式会社 ぱる出版

〒160-0011　東京都新宿区若葉1-9-16
03(3353)2835－代表　03(3353)2826－FAX
03(3353)3679－編集
振替　東京　00100-3-131586
印刷・製本　中央精版印刷(株)

ISBN978-4-8272-1375-1　C0030